现代大学生综合素养研究

杨振权　雷亚旭◎著

九 州 出 版 社
JIUZHOUPRESS

图书在版编目（CIP）数据

现代大学生综合素养研究 / 杨振权 , 雷亚旭著 . --
北京 : 九州出版社 , 2023.10
　　ISBN 978-7-5225-2198-5

　　Ⅰ . ①现… Ⅱ . ①杨… ②雷… Ⅲ . ①大学生－素质
教育－研究－中国 Ⅳ . ① G640

　　中国国家版本馆 CIP 数据核字（2023）第 179694 号

现代大学生综合素养研究

作　　者	杨振权　雷亚旭　著	
责任编辑	周红斌	
出版发行	九州出版社	
地　　址	北京市西城区阜外大街甲 35 号（100037）	
发行电话	（010）68992190/3/5/6	
网　　址	www.jiuzhoupress.com	
印　　刷	北京亚吉飞数码科技有限公司	
开　　本	710 毫米 ×1000 毫米　16 开	
印　　张	14.75	
字　　数	234 千字	
版　　次	2024 年 4 月第 1 版	
印　　次	2024 年 4 月第 1 次印刷	
书　　号	ISBN 978-7-5225-2198-5	
定　　价	89.00 元	

前　言

当前国家间的竞争，实质上是人才的竞争。一个国家、一个民族、一个社会的文明程度和进步速度，主要取决于人的素质；而人的素质的提高，在很大程度上取决于一个国家、民族、社会教育事业的发展水平。教育的根本任务是立德树人，培养德才兼备、全面发展的人才。要适应当前全世界范围内知识与技能的综合化发展趋势，仅仅学好、学精一门专业已远远不够，必须培养与当今形势相适应的综合型人才。

综合素养包括一个人的知识水平、道德修养以及各种能力等内容。人的综合素养的全面提高是社会发展的一般要求和趋势，尤其是当前人类已经迈入知识经济社会，提高人的综合素养尤为迫切。大学生作为社会主义现代化建设的后备人才和潜在资源，是国家的希望，是民族兴旺的核心储备力量，他们素质的优劣将关乎祖国未来的发展。高校作为人才培养基地，必须认清当代大学生的整体发展状况，不仅要培养学生的真才实学，更要重视他们综合素养的培养，为社会主义建设输送更多德才兼备的建设者和接班人。基于此，本书主要探讨大学生综合素养培育的相关内容。

本书共九章，详细分析了大学生道德素养、安全素养、心理素养、人文素养、信息素养、网络素养、职业素养、礼仪素养、科学素养等，涉及各类素养基本内涵、培育的必要性与原则、基本内容以及各种素养的培育路径等方面。

本书以促进学生全面发展为主线，坚持知识、能力、素质协调发展，以适应当代社会发展的需要，详细地论述了大学生综合素养培育的基本内容与培育路径。具体地看，本书主要有以下几个方面的特征。

第一，本书注重对大学生素养培育中各项内容的研究。本书将大学生的素养划分为若干项，并就各项素养的基本理论以及培育的必要性进行适当的探索与研究。

第二,本书注重大学生素质教育的实践。虽说本书主要是对素质教育的理论探讨,但是在每一个专项内容的探讨过程中,都将理论的研究最终指向实践,并且在实践之中探讨大学生素养培育的措施。

第三,本书结合当前大学生素质教育的现实进行研究。书中的理论和实践并不是无端发起的,而是站在中国大学生素养教育的现状基础上展开,力图结合当前大学生素质教育的现实情况以及学术前沿问题引导大学生素质教育向前发展。

本书在撰写过程中,参考和引用了一些学者的理论思想,在这里向他们表示衷心的感谢。由于作者能力和水平有限,在撰写的过程中难免存在不足和疏漏之处,希望各位读者能不吝赐教,提出宝贵的意见,以便在今后的学习写作中加以改进。

目 录

第一章

大学生道德素养研究

第一节　大学生道德素养培育的必要性

一、道德素养的内涵

道德是人们进行行为判断的内心准则,是在长期的发展过程中,逐渐形成的对整个社会生活进行行为调整和规范的一种意识形态。道德的发展可以增进人民的幸福感和促进社会的进步。

道德素养是在人类的生产和生活中产生的,它是人类整体品质的一个主要方面,是人类自身内在的东西,它能指导人类在特定的环境中,根据自己的道德行为标准进行抉择,并且在抉择的过程中具有相对稳定的心理因素。现在,一般情况下,人们会以道德素养的高低来对一个人的品质进行评估。拥有较高的道德素养的人,不仅掌握和了解到丰富的道德知识,还具备执行道德规范的能力,而且在努力实践的同时,能够维持相对稳定的心态。道德素养由道德中的认识、情感、行为、动机、意志和信念六个因素所组成。

第一,道德认识是指人类在不断进行着的道德实践活动中,逐步累积、发展着自己的知识,这是人类道德素养产生的基本条件。它能使人自觉地将自身的天赋与所学相联系,并根据特定的伦理准则和准则去实践,使人自觉地从"怎样做""为何做"等方面不断地提升自身的道德素养。

第二,道德情感是指在对自己的行为作出评判的基础上,道德情绪表现出一种持久稳定的特征,如崇拜、同情、怜惜等。主要有集体主义情感、爱国主义情感、国家认同情感等。人的认识与行为的过程是一个循序渐进的过程。在特定的伦理活动中,人们往往以自身的伦理准则去评判他人,当他人的伦理准则与自己的伦理准则相一致时,就会出现正向的情绪,比如赞美、欢乐等,使之变成一种可以激励人的强烈动机,可以将人的身心中正面的能量激发出来,反之则会导致某些消极的情绪,如厌恶、烦躁等,从而做出违反伦理准则的举动。

第三,道德行为的评判依据是善与恶,具有偶然与持久两种性质。所以,我们可以把道德行为作为一种对别人或对社会是否有价值的社会性行为来看待。

第四,道德动机指的是一种心理过程,它是一种人们将自己的道德知识和道德情感相结合,以实现一定的道德目标,在自主产生并完成自己的道德行为时所构成的一种内在驱动力。

第五,道德意志是人类为了达成某种目标而对自己的道德行动进行系统的调控与指导的一种精神形态,可以使人将道德动机贯穿在自己的道德行动中,坚守自己的道德准则和行为习惯,约束自己的不道德行为,达到自己的道德目标。"道德意志"在一个人的人格修养中起着至关重要的作用。

第六,道德信念是指在漫长的社会实践过程中,人们逐步养成的一种观念,它以一种人类高度认可的道德认知为基础,以自己的道德情绪为动力,从而产生出与之相适应的道德行动。道德信念就是道德的意愿,它为人们的道德认知和道德情感指明了道路,让人们的道德行动坚定而不容易被更改。人一旦有了伦理信仰,就能在人生中具备清晰的目标,能坚决而快速地按照道德规范行动,能适应伦理变迁的实际情况,变得更加完善和坚定,进而可以更好地引导人们明辨是非,做出正确的道德行为。

二、大学生道德素养培育的必要性

(一)社会关系发展的要求

人作为社会的一部分,不可能离开特定的社会关系而单独生存。社会的进步,使人进一步获得自由,没有人的自由,社会的进步就是空洞的。一个人要想让自己的人生价值得到体现,能够在新的社会生活的创建过程中充分发挥自身的作用和价值,就需要强化自身在各领域的素养,这当中就包含着道德素养的提升。当前,我国高校毕业生正面对一个史无前例的转型时期,蓬勃发展的社会主义现代化建设对毕业生的素养提出了更高的要求,而这也必然包含了思想道德方面的内容。大学生要满足时代的客观需要,就要遵循社会发展的客观规律,遵循共产主义道德的要求,并在此基础上不断地强化自身的道德素养。一个人如果没有最基本的道德,就无法为社会主义现代化事业提供有益的帮助,更无法为社会和人类作出应有的贡献。

(二)大学生成才的需要

1.道德素质指引大学生成长的方向

中华民族伟大复兴的中国梦以及共产主义远大理想的实现,是需要一代又一代青年人为之不懈努力奋斗才能够实现的。大学生道德素养培育的真正意义,在于实现历史使命和民族梦想。道德素养高的大学生,凭借其牢固的道德观念自觉对社会负责,他们目标明确,坚定决心,激发勇气,在不断的训练和成长过程中,心态逐渐成熟,看问题更加全面,应对各种突发事件的能力不断提高,在提高自己的同时能为社会的发展作出更大贡献。因此,大学生道德素养培育不可忽视,培养良好的道德素质,是帮助大学生成为成熟、称职人才的必经之路,只有这样才能最大化地使新时代大学生走出人生的光辉之路。

2.道德素养决定了大学生成长成才的质量

新时代的社会公民要具有良好的道德素养,才能为实现中华民族伟大复兴作出自己的贡献。高校学生思想道德水平如何,在一定程度上影响着他们的成才质量。在当前的时代背景下,由于部分大学生忽视了对自身道德素养的提升,其对道德的认知和评判已与时代发展的要求相去甚远,这对高校大学生的身心健康成长是非常不利的。高校毕业生唯有不断提升道德素养,才能促进自身的综合素养得到提升,为自己的成长添砖加瓦,走向成功。

3.道德素质是衡量大学生成才的重要指标

道德作为一项重要的价值评判指标,也是衡量大学生在成才教育中的具体实践活动成效的一个标准和准则。我们可以根据大学生实践活动的效率和效果,对其社会道德准则和社会发展的现实需求进行评判,并对大学生的道德素质进行评估。

（三）大学生道德素质迎接挑战的需要

1. 多元化社会思潮的挑战

我国目前处在一个发展的重要时期，随着人们物质生活水平大幅度提升，人们对精神方面的关注与需求也在逐渐增多。然而在现代社会中，一些错误的价值取向、非主流价值观也通过新媒介得到传播，对大学生的价值判断造成了误导，扰乱了社会的安定。在深化改革阶段，新的思想、新的事物在新的时代中不断涌现，导致高校学生的思想也随之发生改变，表现出更强的不确定性和多样性。主流意识与非主流意识相互交融，先进的价值观念与落后的价值观念相互交融，这对高校学生的道德认识造成了一些困扰，可能会使他们的道德认识与道德判断发生错乱。

2. 网络影响力日益扩大

社会发展不仅给人们的物质生活模式带来了巨大的改变，同时也对人们的伦理观念造成了巨大的冲击。现代大学生较早接触虚拟的互联网环境，道德观念、思维方式、工作生活方式以及学习环境等都比较容易受到互联网环境的影响而发生改变。在新时代，网络的发展势头迅猛，网络就像一把双刃剑，给大学生道德素养的培育既带来创新，亦带来挑战。

首先，互联网的资讯传播速度很快，其中不乏一些新奇的内容，导致一些自控力不足的大学生沉迷于网络，例如，沉迷于网游，与现实脱节，浑浑噩噩，对其身心发展产生不良的影响。其次，信息技术的高速发展使高校学生的思想观念也发生了变化。在互联网虚拟世界里，大多数大学生都以匿名的方式来进行交往和娱乐，如果他们缺乏正确的自我认知和自我约束，就有可能做出违反道德甚至违法的事情。最后，互联网具有开放性的特征，除了能更快地搜索有用的信息，一些粗俗、有害的信息也更容易传播，致使一些大学生上当受骗。例如，校园贷恶性事件屡见不鲜，就是因为大学生分辨对错的能力不足，容易受到诱惑，做出了不正确的选择。

3.大学生自我意识过强

现在的大学生普遍追求个性化和独特性,自我意识较强。很多大学生都是独生子女,在成长过程中备受关爱,形成了以自我为中心的习惯,在集体生活中,他们可能过于关注自己的想法而忽视他人的感受。这种只顾个人的思维方式会导致他们在社会交往中容易做出不符合道德规范的行为。近年来,一些恶性事件如校园投毒、校园霸凌等时有发生,这些事件反映出学生道德素养的滑坡。尽管当前家庭教育的重要性已经得到广泛认识,但有些家长在家庭道德教育方面做得不到位,而且道德理论知识的传授也相对薄弱,导致大学生对于做人的基本底线不够清晰,对于道德规范的约束不够明确。有些家庭甚至缺乏与子女的有效沟通,他们认为仅给孩子提供足够的物质生活就可以了。这也使得一些大学生在处理问题时只考虑自己的感受,不顾及他人的感受或听取他人的意见,这有损高校学生道德的完整性。因此,学校道德素养培育就显得尤为重要。

第二节　大学生道德素养培育的原则

一、理论联系实际原则

理论联系实际,主要包括两个方面:首先,必须对高校大学生道德素养培育工作中的有关理论有所了解。高校德育教育的基本原理对高校道德素养培育工作具有一定的指导意义。其次,必须立足于现实,切合现实。只有在面向实践、指导实践、接受实践检验并随着实践发展而发展的时候,理论才会具有活力和战斗力。在做好大学生的道德素养培育工作时,必须坚持并弘扬将理论与实际相结合的原则和作风。

在进行高校学生道德素养培育过程中,要将理论与实践相结合,需要与当前国内外形势发展变化的热点问题相结合,与我国社会发展以及高校学生身心发展的现实相结合。具体来说,需要从以下几个方面做起。

（一）自觉学习马克思主义相关基本理论

马克思主义基本原理是我们党认识和理解当今世界的伟大思想武器，毛泽东思想、邓小平理论、"三个代表"重要思想、科学发展观、习近平新时代中国特色社会主义思想等是马克思主义中国化的伟大理论成果，加强对马克思主义基本原理的研究，对于大学生形成正确的世界观、人生观、价值观，抵御不良思潮和不良倾向有非常大的帮助。所以，大学生要有意识地提高自身对马克思主义基本的认识水平。[1]

（二）一切从实际出发

"从实际出发"，指的是要根据现实状况，来制订不同的工作目的和规划，并对工作方式进行适当的选择与改进。在改革开放、市场经济不断发展的今天，高校毕业生的差异化越来越明显，这就需要高校毕业生不断提高身心各方面的素养与能力，并对造成这些差异的多种因素进行详细剖析，找到产生这些问题的根源和内部机理，并制订出切合现实的教学计划和可实施的措施，协助并引导学生提升各方面能力。

（三）用正确的方法来处理问题

对于大学生道德素养的培育，要坚持用正确的方法来处理问题，即按照发现问题—弄清问题—解决问题的一般步骤来处理。要想及时地发现问题，必须有一双敏锐的眼睛，能够对问题进行细致的观察和分析，能够直面矛盾。只有抓住了现实问题，才能弄清问题发生的原因，才能采取有效的措施。要善于分析、研究和核实，把握问题的本质，不被假象所迷惑。在明确了具体的问题之后，要与有关的人进行有效的沟通，并利用相关的理论，以一种实事求是的态度去解决问题。很多时候，思想上的问题都是由现实问题引起的，必须结合实际，按部就班地解决问题。

---

[1] 徐阔.《"互联网+"视域下大学生思想政治创新研究》[M].成都：西南财经大学出版社，2018：19.

二、民主性原则

(一)民主性原则的含义

民主的本质是公平。在高校道德素养培育工作中,民主性原则指的就是要以学生为本,在充分尊重他们的个性和民主权利的情况下,为他们提供表达观点的机会并给予积极的指导,合理解决相关问题,保证高校道德素养培育工作的顺利进行。

(二)民主性原则的实施

1. 尊重人、关心人、理解人

所谓"尊重人",就是要对大学生给予足够的尊重,要尊重大学生的主体地位,尊重大学生的人格和《宪法》规定的各项民主权利。只有这样,才能最大限度地调动和引导高校学生的积极性和创造性,促进高校学生的全面发展。所谓"关心人",就是要求道德素养培育工作者要在政治上关注大学生的成长,在工作上关注他们的进步,在生活上关注他们的困难,及时提供帮助,让他们感受到温暖。所谓"理解人",就是要了解大学生的具体情况,要认识和理解他们在性格、兴趣等方面的不同。

2. 与严格要求相结合

要把尊重、关心、理解与严格要求、从严管理相结合,这里所说的尊重、关心、理解,并不是说不讲原则、放宽管理、取消批评,也不是说对不合理的要求妥协、对违法乱纪的行为宽容,更不是说搞"好人主义",而是要求大学生道德素养培育工作者必须以诚相待、以诚动人、以理服人、以情感人,提高大学生道德修养培育工作的凝聚力和吸引力。

三、教学相长原则

(一)统一教与学,实现教育者的教学相长

在大学生道德素养培育中,教育者的角色通常由学校教师、年长一

代、有杰出贡献的先进模范人物以及各种宣传组织机构担任。他们通过各种形式对大学生进行道德素养的培养。然而,在信息社会中,教育者的权威性受到挑战。尤其是在道德和价值观领域,作为教育者本身并不能保证他们的道德认知和道德实践的一致性,也无法保证他们的价值观信仰是完全坚定的。

为了在教育活动中被认可并树立起自己作为教育者的威信,教育者需要将自己的学习活动与施教活动结合起来,实现教学相长。具体来说,一方面,教育者要从受教育者的角度思考教育内容、教育方式和教育手段。同时,他们要从受教育者的反馈信息中发现自身的不足,通过学习和反思来提高自己的理论素养和人格修养。另一方面,学习是无止境的,道德素养更需要一生不断地体悟和提升。追求有意义的生活是一个持续的过程,只有内省自我,注重身心一体,将知识和生命经验融合在一起,并将这种内化的知识运用于实际生活中,以实际行动应对社会,才能不断提升自己的身心境界。

贯彻教学相长原则要求教育者对自己的专业充满责任感和历史使命感,不断培养自身的反思意识和批判精神。教育者积极反思和批判会激发受教育者积极思考和反思,使教学过程充满变化和挑战,让教育者和受教育者都处于向他人开放和探索的状态,虚心倾听他人,与他人对话,共同探索彼此的位置和合理身份,不仅促进他人成长,也助推自身成长。

(二)受指导的学习——受教育者的教学相长

受教育者能否实现教学相长首先取决于他们的主体地位。只有当受教育者具备一定的主动性和自主学习能力时,才能实现教学相长。在平等、合作、和谐、发展的师生关系基础上,教育者通过与受教育者的相互作用,深刻理解受教育者的需求,并激发他们的自我教育意识。这样,受教育者在适当的教学指导下可以进行自主学习,意识到自己的不足,主动追求知识,增强独立学习能力,逐渐成长为主动、积极、具有创造性的人才,实现受教育者的教学相长。

在受教育者的自主学习中,关键是将外在的教育转化为内在的学习。这需要受教育者拥有内在的学习动机,对学习主题的意义有自己的认识,并具备主动选择和运用学习资源的能力,掌握一定的学习策略。只有当这些条件满足时,受教育者才能真正实现教学相长。

四、继承优良传统与改革创新相结合原则

大学生道德素养培育是时代的要求,必须在继承优秀传统的同时,不断完善和创新。只有对当代大学生道德素养培育的新途径、新方法进行积极的探讨,才能提升道德素养培育的实效性。

（一）正确认识传承与创新的关系

继承和创新是相辅相成的,二者相互影响、相互促进。在大学生道德素养培育中,继承是创新的基础,创新则为继承注入新的活力。

继承是指在传承历史文化遗产、积极借鉴前人经验的基础上,在大学生道德素养培育中持续传承和发扬优秀的道德观念、价值观念和道德实践。通过理解和吸取传统道德文化的精髓,大学生能够从中获得启迪和指引,并将其应用于现实生活中。

然而,仅仅进行继承是不够的,还需要有创新的精神和意识。创新是指在继承的基础上,根据时代的需求和社会的发展要求,提出并运用新的观念、内容、形式、方法和手段,以适应新的时代背景下大学生道德素养培育的要求。通过创新,可以激发学生的兴趣,提高培育效果,更好地满足社会的需求。

（二）去粗取精,适当扬弃

我国大学生道德素养培育在长期发展过程中,积累了很多行之有效的经验和方法。这些经验和方法是进行大学生思想政治工作的宝贵财富。然而,当前的教育环境已经与以前不同,这就要求我们必须解放思想,与时俱进,积极大胆地进行创新。我们需要对过去的工作观念、思路、方法、程序、作风和内容进行认真审查和比较,适当地进行改变和删减。关键的问题是要坚持历史与现实的统一,紧密结合新的情况和特点,在更高的层次上发展大学生道德素养培育工作的优良传统。我们要使大学生道德素养培育工作在继承传统的基础上,在观念、内容、机制、途径和方法等方面进行新的改进和创新。这样,我们可以使大学生道德素养培育更加贴近学生、贴近生活、贴近实际,不断增强针对性和实效性,发挥出其真正的威力。

第三节　大学生道德素养培育的主要内容

一、大学生基本道德规范

（一）爱国守法

爱国主义是凝聚全国各族人民和港、澳、台同胞，以及海外华人的一面旗帜，在新的时代，无论在国内还是在国外，爱国精神都是我们首要的品格。在几千年的历史长河里，凭借着这种不屈不挠的爱国精神，中国人民克服了一次又一次的艰难困苦，涌现出了一代又一代光照日月、名垂青史的英雄人物，谱写出一首首慷慨激昂的赞美诗。

而守法则是对爱国规范的延伸，规范了公民与国家之间的关系，也就是将守法标准视为国民对政府的道德义务。在推动中国民主与法治建设、建设法治社会的过程中，守法是每个公民必须具备的素质，是法治和德治相结合的根本。

（二）明礼诚信

所谓明礼，是指在公共场合对公众道德的规范。以礼待人，是每个人在公共场合都应该遵循的最起码的伦理规范。

诚信是规范公共关系的道德行为，它是对明礼的进一步深化和升华，古代有"礼于外，诚于内"的说法。诚信是当今市场经济中应当被大力倡导的一种美德，是市场经济中的道德先决条件，没有诚信，交换就无法进行。

（三）团结友善

团结是以调整社会成员间的伦理关系为重点，是人们为了一个共同的目的而努力时所建立起来的一种密切的关系。深刻理解团结的重要性，珍惜团结，维护团结，顾全大局，是人们应有的品德。

友善和团结类似,只是友善侧重于个体间的亲善性。友善也是处理人际关系的一种美德,体现了社会主义人道主义精神。

（四）勤俭自强

勤俭主要是对公民个人提出的道德要求,它表现在个人的行为中。勤俭包括勤劳和节俭两个方面。勤劳意味着热爱劳动,用劳动来创造美好的生活,展现了个人和民族自立自强、奋发向上的精神。中华民族是一个勤劳的民族,也是一个节俭的民族。

节俭不仅是对劳动成果的珍视和保护,也包括对生活的计划和欲望的克制。古语有言"俭以养德",认为简朴的生活可以使人心境淡泊,追求高尚的目标,对提高身心修养非常有益处。特别对于为官者来说,"俭以养德"意味着戒除奢侈,追求道义,去除邪恶的心态,做到廉洁正直。勤俭不仅是持家之道,也与廉洁相关。拥有勤俭的品德,可以做到清白无污,自我约束而不贪婪。

自强与勤俭同属于个人道德素质的要求。中华民族的传统美德中就有"天行健,君子以自强不息"的思想代代相传,激励着每个中华儿女在面对困难和艰辛时都能坚持自力更生、不断奋斗。只要还有一口气存在,就应该继续努力。这是勉励个人不断奋斗、自立自强的重要准则。

（五）敬业奉献

敬业主要是规范公民与职业的道德关系。它是职业道德的重要内容,包括恪尽职守、兢兢业业、精益求精、将责任视为生命等。恪尽职守意味着尽心尽力履行自己的职责,不辜负自己的职业任务和职业使命。兢兢业业表示对工作的高度负责和专注,努力追求卓越的工作表现。精益求精则强调追求卓越,不断完善自己的技能和知识,以提供更好的服务。视责任为生命意味着对职业所承担的责任要有深刻的认识,并将其视作自己生命中不可或缺的一部分。

奉献主要是规范公民与社会的道德关系,并强调个人与他人之间的道德责任。在处理个人与社会、国家和他人的关系时,我们应该具备这个品质。奉献的内涵包括大公无私、克己奉公、超越自我、服从整体、先人后己等。大公无私意味着为了公共利益、集体利益、社会福祉,不计较个人得失。克己奉公强调要以公正和道义为准绳,不被个人私利所驱使。超越自我意味着不仅关注自身利益,还要考虑他人的利益和整体的需求。服从整体表示在面对团队或社会的需要时,要顺应大局,服从组织安排。先人后己则强调放眼长远,考虑后代和未来的利益,为社会发展作出贡献。

二、大学生"四德"培育

(一)社会公德培育

社会公德是人们的基本道德准则,它包含了爱护公共财产、遵守法律等基本内容。一个社会的公共道德水平在整个社会的精神文明和物质文明建设中都起着举足轻重的作用。社会公德对社会风气与精神风貌有重要的影响:只有当一个人具有了一定的社会公德素养,他的精神状态才能与时代的发展相适应。所以,加强高校学生的公共道德教育,是培养学生自觉遵守公共道德,形成良好的社会风气的重要途径。这是每一个公民尤其是大学生义不容辞的责任,也是使大学生成为新时代中国特色社会主义好公民的必由之路。

(二)职业道德培育

在社会生活中,每个职业都有对应遵守的道德,教师有自己的"师德",医师有自己的"医德",为官者有自己的"官德",商人有自己的"商德",治学有自己的"学德",各个领域的学生在走出校园之后进入职场,都要遵守职业道德。在新时代,要对职业道德进行强化,就必须从敬业之心、爱岗之责、诚信之为的专业价值入手,将其贯彻到具体的工作中去。

每一种职业都有属于自己的特定的职业道德准则,要求每一个从业人员对自己的职业行为作出荣辱、善恶、美丑的道德评价,并调动广泛的社会舆论进行道德监督。大学生在未来势必要走上工作岗位,要为中国特色的社会主义事业服务,因此,职业道德不仅关系到社会和个人,也关系到国家的整体发展。所以,要注重和加强大学生职业道德素养的培育。

(三)家庭美德培育

家庭是社会的重要组成部分,是人类生活的基础组织形式。家庭在社会中扮演着极其重要的角色,是一个人成长的起点,是一个人生命中最重要的组成部分。家庭的意义不仅在于提供一个物理空间,更在于提供精神支持和情感归属感。家庭成员之间的互动和关系对于一个人的成长和发展具有重要的影响。

家庭美德是指在家庭中形成的一些道德规范和价值观念。家庭美德是社会主义精神文明建设的一个关键环节,也是保障大多数社会成员生活幸福、促进社会文明良性发展的关键。在家庭中,父母是最好的榜样和引导者。父母的举止和言行会影响孩子的品德和价值观念,因此父母的言行举止需要符合社会主义家庭道德的要求。尊老爱幼、邻里互助、男女平等等构成家庭美德的主要内容,目的是促进社会公民能够在家庭中扮演好家庭成员的角色。家庭美德的培养需要从儿童时期开始,需要父母的引导和培养。

家庭美德对于大学生的生活以及健康成长有着不可或缺的重要作用,大学生家庭美德建设有利于培养大学生的家庭美德素养,使之成为小家庭以及社会整个大家庭的好成员。大学生一般有着强烈的自我意识和独立性,大学生家庭美德建设需要从尊重大学生个性出发,引导大学生形成积极向上的家庭美德。

(四)个人品德培育

人才是社会进步发展的核心力量,而个人品德的培养对于人才的发展起着重要作用。大学生通常具有较强的学习能力和适应能力,但同时也容易受到外部环境的影响,包括思想和心理等方面。因此,在培养新时代的时代新人、推动中国特色社会主义事业发展的过程中,我们必须牢牢抓住培养对象和培养方法这两个根本问题。要紧密围绕立德树人的根本要求,以培养新时代的人才为导向。这与做好大学生个人品德建设工作密切相关。个人品德建设指的是在社会生活中发挥个人社会角色,实现自我发展和完善,以适应一定社会关系的客观要求,并树立道德意识和做出道德行为的选择,指导自己内心标准的形成和个人道德实践行为。[①]

作为社会建设的未来支撑者,大学生的道德观尚处于成长阶段。因此,推进大学生个人品德建设,帮助他们扣好人生的第一粒扣子,培养

---

① 陈钦玲.新时代大学生公民道德建设路径研究 [D].广西师范大学,2021.

优秀的个人品德修养,对于他们成为新时代伟大事业的主力军至关重要。总而言之,个人品德的培养对于大学生的成长发展非常重要,同时也对于国家和社会的繁荣稳定具有积极作用。

三、大学生活的道德准则

(一)物质消费的道德准则

物质生活是我们生活方式中最基本的内容。对于大学生来说,他们的物质生活和消费具有一些特殊性。一方面,他们需要学会自我管理日常生活,但在经济上并没有真正独立。另一方面,虽然他们是消费者,但他们的经济来源主要依赖于家庭供给,没有直接的经济收入来源。随着社会的发展和人民生活水平的提高,大学生也希望提高自己的消费水平。但是,他们并不是生产者,不能通过劳动来获得经济收入,几乎所有的费用都需要依赖家庭的供养。在传统的消费观念受到冲击、社会的消费方式发生变化的情况下,以及在高消费倾向的影响下,大学生常常陷入消费心理的困境,或者产生盲目消费行为的问题。因此,我们需要确立一种正确的消费道德准则,来指导大学生在物质消费方面的行为。这意味着大学生需要理性消费,明白自己的经济实力,并且合理安排自己的消费计划。他们应该树立正确的消费观念,避免盲目跟风消费或者过度消费,同时也要尊重家庭的经济支持。在享受物质生活的同时,大学生应该注重节俭和理性消费。只有这样,他们才能更好地平衡消费水平和经济实力。

1.合理适度

大学生的物质消费水平应该在家庭和社会的经济承受能力范围内合理提高。这意味着大学生不能盲目追求过高的消费要求,而应根据实际经济条件来合理安排自己的物质生活水平。有些大学生不顾家庭经济状况,一味地追求高标准、高消费的生活,过度攀比、摆阔气,沉迷于享受吃喝玩乐的快乐,结果往往导致自己或家庭负债累累,甚至走上违法犯罪的道路。这种不合理的消费行为带来的严重后果,我们应该引以为戒。

合理适度的消费准则还包括计划性和科学性。在物质消费中,一方面,大学生应该进行经济上的计划管理,根据自己的实际经济情况合理规划自己的消费;另一方面,在经济条件有限的情况下,我们也要注意以最少的物质消费去谋求最大的生活效益,合理地改善、丰富和美化自己的生活。

2. 艰苦朴素

我国劳动人民一直以来都以艰苦朴素、吃苦耐劳为荣,不追求奢侈享乐,而是注重节俭和实用。[①] 即使在物质条件改善、生活富裕的情况下,我们仍然强调保持劳动人民的本色。尽管我们的生活水平有了很大的提高,但与发达国家相比还存在一定差距,社会主义现代化建设的任务还很繁重。因此,我们必须继续发扬艰苦朴素的作风和艰苦奋斗的精神。

对于大学生来说,首先要在物质消费上注重经济实惠,选择朴素大方的生活方式。不要过度攀比,不要追求排场和摆阔气,也不要追求虚荣。这不仅有利于保持劳动人民的传统美德,继承艰苦朴素的精神,还能使我们在艰苦的生活中得到锻炼,激发斗志,培养为全面建设社会主义现代化强国而奋斗拼搏的精神。

3. 勤俭节约

勤俭节约与艰苦朴素相辅相成,是中华民族的一大传统美德,是我国人民一贯提倡和坚持的良好家风。在大学生中,我们提倡勤俭节约,并不仅是因为经济条件的限制,还包含着对他人辛勤劳动的尊重以及对劳动成果的珍惜。这是一种道德要求,也是大学生物质消费的一条准则。大学生面临的经济费用和物质需求几乎全部由家庭和国家来提供。因此,我们应该珍惜家人辛苦劳动换来的每一分钱,并且爱护国家提供的各种教学设施。勤俭节约要求大学生从实际出发,合理利用自己的财力和物力,精打细算,节约开支,在水、电、粮食方面也要注重节约使用。坚持合理消费的原则,保持艰苦朴素的传统,发扬勤俭节约的精神,这是中华民族传统消费文化的精华,也是适应现实国情和大学生经济地位的道德要求。作为大学生,我们应该以此为准则,指导自己的消费行为,

---

① 王荣发.素质引领人生 大学生素质修养导论[M].上海:华东理工大学出版社,2009:122.

提高在物质生活领域的道德素养。

（二）精神生活的道德准则

每一个时代的精神生活形式，都带有明显的时代特征，是这个时代最丰富和最直接的精神表现。我国目前正处于一个伟大的社会主义建设的新时代，现代化的建设，既要实现物质生活的现代化，又要实现人的精神生活和精神素质的现代化。在高校的生活方式中，要把"文明、健康、科学"作为大学生精神生活的道德标准，这与社会主义现代化建设对大学生所提出的要求一致。

1. 文　明

文明是指人类社会发展的进步状态。人类社会的进步程度通常表现为人类文化的发展水平。从总体上来说，人类文化包括物质文化和精神文化这两个方面，因而，文明的生活方式其实就是与人类物质文化和精神文化发展水平相适应的生活方式。文明作为精神生活的道德准则，表明道德文明是精神文明的重要内容，道德素养是精神生活的重要方面。它要求大学生们内心的道德需求和外在的文明行为，都必须适应社会发展的进步状态，符合社会主义的道德要求。我们的国家和学校为大学生的成长提供了良好的条件，使之在精神生活方面具有较多的优势。因此，大学生在追求生活的文明程度时，应充分利用大学的有利条件，侧重于自身的精神文明建设，加强社会主义的道德素养，坚持坚定、正确的政治方向，努力提高精神生活的质量。

2. 健　康

健康是指人的正常发展状态。人的正常发展包括人的生理、心理、智能、品德等各个方面。健康的生活方式应该有利于人的全面、正常的发展，有助于陶冶人的高尚情操，培养人的道德精神，增强人的社会责任感和民族自尊心，形成良好的行为习惯和积极向上的生活态度，使人的整体素质得到提高和优化。把"健康"作为大学生精神生活的一条道德准则，则要求大学生们克服庸俗的、低级趣味的精神状态，追求高尚的生活目标和生活理想，开展丰富多彩而且有利于增进身心健康、提高道德境界、促进全面发展的活动。在当今对外开放的形势下，我们在引进外国的科学技术和先进的管理方法的同时，也要吸收资本主义国家的生活方式中某些积极的东西,而资本主义的某些腐朽没落的东西也必然随之或多或少地渗透进来。在这样的情况下,我们更需要加强社会主义道德素养和精神文明建设,自觉抵制资产阶级低级、庸俗、腐朽的思想,以使自己健康成长。

3.科　学

科学是反映自然、社会和思维的发展规律的知识体系。科学的生活方式是指在科学文化知识指导下展开的、具有较高效益的生活方式。在大学生的精神生活中,把"科学"作为一条道德准则,就是要求大学生们树立科学的人生观、道德观、幸福观和价值观,力求生活内容健康丰富,生活结构合理充实,生活形式富有情趣,生活行为合乎道德。为此,大学生们应该认真学习科学理论,自觉地用马克思主义科学的人生理论和道德理论,指导自己的生活实践和道德实践。有些同学不加分析不加批判,盲目接受西方资产阶级的人生哲学和道德观念,并把享乐主义、利己主义等奉为自己的行为准则,从而使自己精神空虚、无所事事。这就是精神生活缺乏科学性的表现,与社会主义的道德要求格格不入。

文明、健康、科学是社会主义现代化生活方式的基本特征和时代要求,也是人们的精神生活必须遵循的道德准则。大学生的精神生活要体现文明、健康、科学的特点,关键就是要用社会主义道德的力量,陶冶自己高尚的生活情趣,培养崇高的生活理想。这不仅对于提高大学生活质量,而且对于全部的人生追求都具有重大影响和意义。

(三)人际关系与交往道德

人是社会性动物,需要与他人产生交往。在大学阶段,人际交往标志着一个新的发展阶段和生存境界的到来。人与人之间的交往需要真诚、理解和尊重,这三者是调节人际交往的基本道德要求。

1.真　诚

真诚就是真心实意,就是内心思想和外在言行一致。它包括两个方面:首先,自我表现要真实,不虚伪、不掩饰,让人相信你是可信赖的;其次,待人接物要诚实,与朋友交往时要情真意切,当朋友处境困难时,要主动伸出援助之手。

交往是一种双向沟通,是频繁互动的过程。在交往中,他人的表现对我们来说是一种刺激信号,我们会根据对方的反应来确定自己的行为。反过来,我们的行为也对别人有同样的意义和影响。这就是人际交往中的对等原则,也就是说交往双方的行为总是以对方为标准。对等原则说明,在人际交往中,不仅需要善于交际的艺术,还需要真心诚意的品格素质。如果没有强大的品格精神引导,只凭交际技巧是无法达到良好人际交往的境地的。因此,我们有必要把真诚作为有效交往的前提。当然,在实际交往中,虚伪有时会赢得好感,真诚有时也会被误解,但是,交往是双方展示自我的过程,也是双方相互观察和评估的过程。随着时间的推移和交往的深入,虚伪终将被揭穿,误解也会消除,只有真诚才能在交往中发挥光彩。

2. 理　解

理解就是用理智和客观的方式去认识和评估对方的角色意义和行为价值。在人际交往中,不可避免地会有一些言论和行为被对方误解或不理解,从而导致交往障碍或冲突。要解决这种情况,消除误解、实现相互理解是非常重要的。大学生可以通过以下方法加强人与人之间的相互理解。

(1)相互沟通法:双方要坦诚地交换意见、交流思想。这是消除误解、加强理解的最佳途径。相互沟通需要双方都具备主动和坦诚的精神,否则沟通将难以实现。当有隔阂时,可以主动找对方坦诚交流,敞开心扉,才可能获得别人的理解。

(2)视角转移法:当从某个角度不能理解对方的行为时,可以尝试换一个角度来分析、认识对方的言行,或者多角度地思考,这可能有助于理解对方。

(3)角色互变法:当彼此无法理解时,可以尝试自己改变一下角色地位,把自己放在对方的位置,设身处地从对方的角度考虑问题,以达到理解对方行为的目的。

(4)情感关注法:当一个人感到孤独和寂寞时,最渴望得到别人的理解。这时,他们往往会将自己的情感倾诉给信纸或日记,希望找到情感的归宿和慰藉。如果有人能及时与他们交流,关心他们的情感,这对他们来说将是巨大的安慰和鼓舞。

相互理解是消除交往障碍、解决行为冲突的最常见也是最有效的方法。作为大学生,要学会与他人交往,必须学会理解别人。理解他人需要以真诚的交往态度为前提。即使存在分歧，只要双方能坦诚宽容地畅所欲言，也能获得对方的理解或宽容。

3. 尊 重

大学生在学校的人际交往对象主要是教师和同学，无论是哪种交往，都需要双向互动，并以相互尊重为原则。没有彼此之间的相互尊重，就无法进行正常的交流。一个人要想得到别人的尊重，首先要学会尊重自己，同时也要学会尊重别人。如果不懂得尊重自己，就无法尊重别人；不尊重别人的人，也无法获得别人的尊重。

尊重是相互的，也应该是平等的。没有人格的平等，就无法真正尊重对方。尊重意味着尊重对方的人格，把对方作为主体看待，维护其人格尊严。在大学生的人际交往中，相互尊重需要特别注意两点：一是不要暴露对方的缺点；二是不要轻易否定对方的思想和行为选择。不过，尊重并不意味着掩盖错误，如果发现对方有错误，我们应该坚持原则，热情关心，并帮助对方进步，这才是真正的尊重。不讲原则的尊重往往是虚假的尊重，对他人和自己都没有好处。

（四）爱情追求与恋爱道德

大学生的年龄一般在 20 岁左右，恋爱现象在这个年龄段存在生理和心理的必然性。因此，探索恋爱、了解恋爱、掌握恋爱的正确道德准则对于大学生来说显得尤为重要。

恋爱过程中的所作所为能够体现一个人的精神面貌和道德品质。大学生在恋爱中应该秉持高尚的道德品质，尊重对方，不伤害对方，体现自己的文明素质。严格遵循爱情生活中的道德准则，正确处理恋爱过程中的矛盾，才能让恋爱更加稳定和美好。

具体来说，恋爱道德需要注意以下方面。

1. 事业高于爱情

事业高于爱情意味着在人生的优先顺序中，将事业放在首位。这并不是说不重视爱情，而是认为事业对个人的成长和发展更为重要。妥善处理事业与爱情的关系是每个恋爱者面临的重要考验。

在恋爱关系中，双方如果发现彼此是对方真正需要的人，那么，爱情就应该超越浪漫的时刻，成为共同生活和事业发展的伴侣。只有将爱情与共同的理想和事业联系起来,才能共同进步、共同奋斗,并走向事业的成功。爱情应该建立在现实生活和共同理想的基础上,而不能依附于幻想和甜言蜜语。爱情的美好只有在现实生活的支持下才能体现出来。

然而,有些大学生在恋爱中缺乏节制,把所有时间都投入爱情中,忽略了学习、理想和事业。当失去爱情时,他们会感到生活空虚、悲观厌世。这是因为他们没有正确摆放爱情的位置,过分看重爱情而忽略了其他重要的生活方面。爱情是生活中重要的一部分,但并不是生活的全部。事业应该是人生的第一主题,爱情则是第二主题。只有在重视事业的同时,爱情才能有更坚实的基础,也才会使爱情过程更加充实。

2. 尊重彼此自由

每个人都有权利选择自己的伴侣,无论是什么性别、种族、宗教信仰或社会地位。失去恋爱自由会给人带来不幸或痛苦,因为亲密关系需要建立在真诚、尊重和平等的基础上。

在恋爱关系中,强加自己的爱于对方是自私狭隘的思想反映,不符合道德准则。这种行为往往会导致对方感到压力和不适,甚至可能会对恋爱关系造成伤害。纯洁的爱情需要双方感情交融、互相倾慕,并且建立在真诚、尊重和信任的基础上。当两个人真正相爱时,他们会互相支持、理解和关心对方。这种纯洁的爱情不会因为外在因素而动摇,也不会因为自私和控制而变质。因此,我们应该尊重彼此的恋爱自由,珍视纯洁的爱情,创造一个充满爱和尊重的恋爱世界。

3. 互相尊重人格

人格指的是一个人作为权利和义务主体的资格,包括姓名、名誉、人身等方面。一个有强烈自尊心的人,懂得人格价值的人,会反对别人玩弄自己的感情和人格,也不会去玩弄别人的感情和人格。互相尊重是人际交往的基本道德原则,恋爱作为一种特殊的人际交往,也包含着对彼此人格的尊重。

在现实生活中,有些人打着所谓的"性解放"的旗号,追求肉欲刺激,玩弄异性,将性放荡作为生活乐趣,这种行为是对人的尊严的侮辱,同时也是婚姻道德的堕落。特别是一些大学生中出现婚前性行为的现象,无论对于自尊还是对于他尊,都是一种损害,是一种不道德的恋爱行为。这种行为会给那些喜欢玩弄异性的人提供可乘之机,同时也经常给社会、家庭以及男女双方带来严重的后果。

因此,不论是在恋爱还是在其他人际关系中,我们都应该明白互相尊重的重要性。尊重对方的人格,不玩弄感情和人格,是建立健康、稳定、幸福恋爱关系的基础。

4.恋爱双方忠贞专一

一般来说,男女之间的爱情是建立在友谊的基础上的。但是,爱情与友谊是有所不同的,友谊可以是广泛的,而爱情则必须是专一的。当一个人决定将自己的爱情献给某个异性时,就不能再将自己的爱情给其他任何一个异性。这就是爱情的专一性和排他性,也是爱情忠诚的表现。有些人同时与两个甚至几个人谈恋爱,以多元选择为名;有些人见一个爱一个,喜新厌旧,飘忽不定,称之为恋爱自由,甚至在大学生中还存在一些寻找假恋的情况,以缓解个人孤独或寂寞等。这些都不是真正的爱情,这种不健康、不认真、玩弄异性的感情,背后往往隐藏着不纯洁的动机,根本谈不上忠诚和专一。

当然,我们所说的忠诚和专一与封建道德的守节从一而终有根本的区别。当恋爱的一方经过严肃认真的考虑,感到对方不理想,并已明确地结束了恋爱关系,或者在相爱的人去世后,可以进行新的选择,建立新的恋爱关系。这是恋爱道德所允许的。但在此之前,不应该另寻新的恋人,否则就违反了爱情忠诚和专一的道德原则,不仅会给对方带来精神上的痛苦,还会受到社会舆论的指责。

5.恋爱行为文明端庄

爱情是一种藏在内心深处的、神圣而纯洁的感情,具有珍贵和不可侵犯的特性。因此,对于爱情来说,任何不文明行为都是不可容忍的,并且会亵渎这份珍贵感情。

恋爱双方应该保持自尊和互重,维护爱情的纯洁性。那些具有较高爱情修养的人,在表达感情和讨论问题时,总是热情但持重,亲密而带有羞涩,他们举止得体、大方,用含蓄而谦恭的方式表达自己的情感,从不轻率行动或随心所欲。

我们可以从正反两方面的经验中得知,越是品行高尚、举止得体的人越能获得对方的尊重和真正的爱情。相反,言辞粗俗、行为放荡的人很容易引起对方的厌恶。然而,有些大学生在恋爱中,会将自己封闭在两个人的小世界里,远离集体生活,有的甚至过度亲密,无视场合,不讲究文明,完全自我沉溺,所有这些行为都是恋爱中的不文明、不健康和不道德的表现,这将损害爱情的神圣性。

第四节　大学生道德素养培育的创新路径

一、细化培育目标

社会主义市场经济背景下,我国构建了以利益关系为基础的社会价值体系和以自由平等为基础的道德规范体系。市场化进程调动了人们对自身利益选择的积极性,社会生活表现出更多的道德宽容。培育大学生的道德素养必须联系时代背景,尊重大学生的利益选择,把解决大学生思想问题同解决物质问题结合起来,过于片面强调个人对社会的责任义务和过度倡导奉献而忽视个人利益,只会适得其反。当然,尊重利益绝非只以利益为导向。个人生活中的优良品质并非道德素养的全部,社会生活中的公共精神更为时代所需。因此,培育时代新人的道德素养,既需要"私己性"品质的提升,更需要"公共性"精神的完善,这不仅关乎个体的生命价值,使人能成为真正的"人",更检验着社会的文明程度,能够促进公共社会的发展。

二、丰富培育内容

道德素养的培育内容必须立足生活。作为人与社会的存在方式,亲历性和实践性是道德素养培育的关键。现实生活中不仅有幸福与快乐,还有不幸与苦难,人与人之间不仅有善良、互助,还有欺骗、冷漠。离开社会生活,道德素养将失去丰富的内涵,只剩下华丽的外壳。同时,道德素养的培育要充分利用各种遭遇,化危机为转机。这种对立统一共同构成了道德素养的内容体系。因此,在不刻意设置危机的前提下,道德素养的培育,要引导青年有忧患意识,在理性思维形成之初就意识到危机伴随着生命的全部历程且不可避免,这样他们就能够临危不乱,在危机过后学会透过现象看本质，认识到危机对成长的特殊意义，从而在步入社会前形成健全、理性的道德观。

三、优化培育方式

作为道德素养培育的主渠道，课堂教学是抽象性、概念性道德知识的传授场所，似乎有意培养青年成为所谓的"伦理专家"，而非有道德素养的时代新人。目标的偏差显然不利于青年成长，因此优化道德素养的培育方式非常必要。首先，课堂教学应注重道德情景的塑造，教师应营造出符合大学生思想特点的真实道德情景，让青年产生强烈的道德情感体验，这将有助于开展开放性、协商性的课堂讨论，提升大学生解决道德问题的积极性。其次，课堂教学要给学生留有一定的"酝酿""顿悟"空间。① 课堂上不能即刻作出判断的道德问题，在今后某种环境的刺激下也许会迎刃而解。所以，教师不应急于要求大学生立刻做出道德判断，而是需要给他们消化吸收、自我酝酿的时间，在必要时进行适度引导，静观其变。最后，课堂教学要善于利用"告诫""唤醒"。处于成长期的大学生的自我控制、自我修复能力相对较弱，当他们面对外界诱惑深陷其中无法自拔时，"告诫""唤醒"就成为帮助其摆脱道德失控的有效方式。教师不仅要重视"告诫""唤醒"的积极作用，还要深入大学生内心，使其意识到问题的严重性，并为其指明方向，最终使其恍然大悟、迷途知返。

四、重构网络教育

网上行为主体的文明自律是网络空间道德建设的基础。相比于传统媒介，网络看似自由，实则暴露于众人面前，私密性较差。因此，网络教育体现的不仅是对网络空间公共道德的践行，更是保护自我的理性之选。首先，教师要跳出个体行为规范的局限，引导大学生以"他者意识"来规范自身道德行为，以"对他负责"的态度来促进网络空间的净化，使大学生明确何种行为会破坏"他我共存"的道德事实，凸显网络交往中

---

① 冯文全，高静.论非连续性教育思想与学校德育创新——兼论中国传统蒙学中的非连续性教育思想[J].教育研究，2016，37（08）：23-32.

的道德准则。其次,教师要增强大学生对网络公共生活的参与能力,虽然无法干预大学生的网络私人社交,但可将网络公共生活融入大学生的成长过程中,这有助于大学生理解网络交往的基本伦理与社会的公共诉求。不同于以自我为中心、以情感为纽带的网络私人空间,网络公共空间提供更为宽泛的社会议题、更为民主的探讨方式,能使大学生更为深切地体知当下社会,更为准确地把握当前责任。

五、营造浸润环境

作为重要的外部保证,德育环境制约着时代新人道德素养的发展。与以往的榜样教育不同,高校必须把时代新人道德素养的培育纳入"三全育人"格局中,营造系统化、沉浸式的道德生态环境。在教学内容上,高校要打破院系、专业、班级等传统教学单位职责的局限性,除了传授专业知识,还要构建融合生命价值、社会责任的道德知识体系,转变教师居高临下的道德说教者身份,重视师生之间的平等对话,引导大学生从善待生命到理解人生、从规范律己到对他人负责,帮助其建构起完整的自我审视系统。在管理理念上,高校必须把公正作为奠基性原则,在保证机会均等与教育资源公平分配的基础上,引导大学生将切身利益与社会发展相结合,通过民主化的管理方式邀请青年共同参与学校发展,将道德判断的裁定权交给大学生,培养他们强烈的道德责任感。在学术精神上,高校要跳出工具理性的局限,以启真崇善的人文关怀来重塑大学生的道德理想,既要发挥上下求索的启真精神,又要弘扬止于至善的崇善品质,推进科学与人文的融通,使社会关怀成为大学生自我提升的重要内驱力,把尊重人、包容人、关爱人融入大学生的职业规划中,让增进人类福祉成为时代新人毕生追求的使命。

第二章

大学生安全素养研究

第一节　大学生安全素养培育的原则与意义

一、大学生安全素养培育的原则

（一）课堂教育、实践教育和自我教育相结合

在安全教育中,课堂教育是主要渠道,实践教育则是重要的组成部分,而自我教育则是内化的要求。这三者必须相互结合,才能取得更好的效果。

安全教育课程应该采用理论讲授和实践训练相结合的方式进行。我们需要加强对安全教育的制度规划和设计,将安全教育课程纳入教学计划中,确保有足够的师资、教材、课时、经费以及相关的教学设施设备。同时,还要落实实践教学的相关环节,确保安全教育的课堂教学、实践教学和自我教育的质量。

在安全教育过程中,我们要坚持理论与实际相结合,通过模拟演习、参观实地、进行安全管理等实践活动,让学生身临其境,提高他们运用安全知识解决实际问题的能力,加快将安全知识转化为实践能力的过程。

（二）内容充实与方法创新相结合

随着现代网络信息技术的快速发展,大学生安全教育的内容可以得到充实和拓展,同时也需要创新教育的方式和方法。

在开展大学生安全教育时,我们需要在继承和发扬优良传统的基础上不断推陈出新。这包括引用最新发生在高校的典型安全事件和案例,更新和丰富安全教育的内容,使之具有时效性和前瞻性,更贴近学生的实际情况。

此外,我们还需要改进和创新教育的方式和方法。传统的封闭型教育需要转变为开放型教育,让学生参与其中,积极探索和思考解决安全

问题的方法。而单纯灌输型、说教型的教育方法也需要转变,要注重理论与实践相结合,让学生通过实践活动来运用安全知识,培养解决实际问题的能力。同时,应采用现代教育手段,如利用信息技术平台、教育游戏等,创造丰富多样的教育环境,提高学生的主动学习和参与度。

(三)教育引导与强化管理相结合

在大学生安全教育中,教育引导与强化管理是相辅相成、缺一不可的重要原则。

首先,要通过正面教育引导大学生重视安全问题,培养他们的安全意识,并提高他们处理安全事故和灾害的基本技能,以及应对安全风险的防范能力。这需要通过教育引导的方式,让大学生认识到安全问题的重要性,并主动学习相关知识和技能,从而做出正确的安全选择和行为。

其次,还需要加强学校的安全管理工作。这包括将安全工作纳入学校的重要议事日程,严格依照国家有关安全工作的法律法规,建立健全各项安全管理规章制度。学校要规范学生的日常行为,采取各种积极有效的措施,预防、发现和控制可能发生的违法犯罪行为。同时,也要认真落实各项人防、技防安全措施,保障大学生的生命财产安全和学习生活安全。

(四)加强领导与加强安全队伍建设相结合

安全工作事关重大,安全责任重于泰山。在加强大学生安全教育工作中,要将加强领导与加强安全队伍建设相结合。

首先,各院校应高度重视安全工作,将其纳入重要议事日程,并与其他重要工作同等分配和落实。同时,将安全教育纳入学校人才培养和德育工作体系中,安排和落实好安全教育课时和教学计划,为安全教育提供组织保障和制度保障。此外,加大安全教育经费投入,提供良好的教学基础设施、设备和教育教学条件。建立安全教育教研机构和安全教育资料室,负责教育教学组织和资源整理。同时,加强安全工作的考核检查,建立健全考核评价体系,完善安全教育的奖惩激励机制。

其次,在加强安全教育领导工作的同时,要重视安全教育队伍的建设。将安全教育队伍建设纳入学校人才队伍建设的总体规划,建立专职和兼职安全教育师资队伍。加强安全教育教师的培养和培训工作,鼓励其开展教学实践和研究,并通过聘请校内外专家和实际工作者加入教学队伍,丰富教学经验。组织教研活动、集体备课和教育培训,提高安全教育师资队伍的整体素质。

二、大学生安全素养培育的意义

随着社会的发展,大学校园面临越来越多的安全风险和挑战。一方面,由于校园与社会环境的交汇,不健康因素进入校园,导致校园环境中的不安全因素增加。学生与社会接触频繁,使得可能发生风险事故的概率增加。另一方面,许多安全事件是由于大学生缺乏安全知识和自我保护意识不足造成的。这些事件往往有一个前因后果的过程,除了突发的天灾等难以预测的事件外,大部分安全事件是可以预防的。即使一些突发事件无法避免,但通过事前的准备和正确的应对,可以大大降低危害程度。具体而言,大学生安全素养教育的意义主要包括以下几方面。

(一)安全素养培育是大学生有效应对安全风险的客观要求

近年来,大学生面临越来越多的安全问题,安全管理成为高校教育亟须关注的重要问题。党和国家高度重视大学生的安全问题,在相关法律法规中对大学生的安全进行了规定。

随着社会环境的复杂化和各种风险的不断涌现,大学生要有效地避免风险、保证自身安全,就必须具备良好的安全意识,并掌握一定的安全技能,最终形成稳固的安全素质。这也对高校加强对大学生的安全素质教育提出了更高的要求。

安全素养培育是大学生应对安全风险的必要要求。通过安全素养教育,可以使大学生了解当前社会环境中的安全问题,并在不安全因素面前有正确的判断和应对能力。同时,能够掌握基本的安全知识和技能,增强自我保护意识,有效地规避潜在的安全风险。安全素养教育还能加强大学生的安全意识和责任意识,让他们主动参与到维护校园安全的行动中。此外,通过安全素养教育,大学生还可以学习到应对突发事件的应急处理和自救能力,从而减少安全事件的危害。

(二)安全素养培育是大学生自身健康成长的必然需求

安全是我们生活和发展的基本前提,对于大学生来说,安全素养教育是他们自身健康成长的必然需求。

大学生普遍具有思想单纯、社会经验不足、安全意识淡薄等特点,在复杂的社会环境中容易产生冲动行为或被蒙蔽上当受骗,从而导致安全事故或潜在的安全隐患。因此,提高大学生的安全素质和能力对他们的健康成长至关重要。

通过提升安全素质和能力,不仅可以减少大学生在校期间发生安全问题的可能性,还能使他们受益终身。相较于将学生过分保护在一个安全舒适的小环境中,更重要的是教会他们正确辨别危险和防范风险,提高大学生的安全素质比提供一个安全环境更重要。

教育大学生正确应对和处理安全问题有助于提高他们的安全素质。在大学生人生发展的黄金时期,这样的教育可以有效预防由安全问题带来的伤害和损失,促进他们顺利完成学业,实现自己的成才目标。

（三）安全素养教育是维护高校稳定和社会稳定的现实需要

高等院校是培养人才的重要地方,大学校园的安全稳定是大学生顺利完成学业的必要条件。通过进行安全素质教育,可以帮助大学生提升对各种安全风险的警惕性,减少他们可能遭受的人身伤害和财物损失等安全事件的发生。大学生的安全素质教育不仅关系到高校的安全稳定,还关系到社会和国家的稳定。

通过安全素质教育,可以提高大学生的政治思想素质,帮助他们形成良好的行为习惯。这对于维护社会的稳定和国家的安全具有重要意义。只有确保大学生的安全,高校才能拥有良好的育人环境和正常的教学秩序,从而维护校园的安定,促进社会的和谐。

在很大程度上,加强大学生的安全素质教育是保证高校一切工作顺利进行的重要保证,也是确保师生的人身和财产安全的关键因素,同时也是打造平安和谐校园的首要任务。

（四）安全素养教育是高校素质教育和德育的重要内容

相比于只关注应试教育,大学生的素质教育更注重提高学生的全面素质。这种教育模式以提升学生的综合能力为目标,尊重学生的个性,关注他们的身心健康,培养学生完善的人格。在素质教育中,重视学生的思想道德素质、个性发展、能力培养和身心健康。

安全素养作为大学生整体素养的重要组成部分,是无法忽视的基本内容。因此,安全素质教育是不可或缺的一部分。另一方面,大学生的安全素质也是德育的重要组成部分。德育的责任是帮助学生正确处理各类人际关系和利益关系,促进学生与他人、集体以及整个社会的和谐发展。对于一些大学生,特别是独生子女,由于缺乏道德修养、人际交往能力较弱,以自我为中心等原因,他们更容易遭遇摩擦、冲突,从而导致身心伤害,触犯法律,甚至面临精神困扰、自杀等安全事件。因此,将安全素质教育融入德育中是非常重要的。

第二节　大学生安全素养培育的主要内容

一、安全意识教育

安全意识教育是大学生安全教育的一个非常重要的方面。思想是行为的先导,只有培养大学生正确的安全意识,才能让他们主动学习安全知识和技能,并采取积极的安全行为。大学生安全意识教育指的是"高等学校为维护大学生的人身、财产安全和身心健康,增强大学生的安全防范意识与自我保护技能而开展的一种教育活动"。[①]

在大学阶段,学生的世界观、人生观和价值观正在形成和确立。因此,通过开展正确的安全意识教育,可以帮助学生充分认识到生命的宝贵,树立正确、科学、积极向上的生命价值观,并增强他们的安全感、责任感和使命感。大学生作为社会中最积极、最有活力的群体之一,他们的价值观决定了未来社会的发展方向。因此,培养大学生的国家安全意识对于国家的稳定和发展至关重要。我们应该加强对大学生国家安全知识的理解和掌握,使他们牢固树立起总体国家安全观。此外,要强调培养大学生的法律意识,使他们成为明白法、懂法、守法和善用法的人。这有助于大学生养成良好的安全行为习惯。最后,随着互联网的迅速发展,我们要意识到网络安全也是极其重要的,没有网络安全就没有国家安全。学校应该建立完善的网络安全教育平台,及时发布校园安全相关政策和法规,增强大学生的网络信息安全意识,引导他们树立正确的网

---

① 钟新春.大学生安全意识教育研究[D].齐齐哈尔大学,2013.

络安全观。

二、安全知识培育

安全是一个动态的社会问题,随着国内外安全局势的变化,传统安全与非传统安全都面临着极大的挑战。安全知识内容不断丰富,除了传统的国家政治、经济安全知识外,当代大学生还需掌握生命财产安全、心理健康等方面的知识。当代大学生安全知识重点包含以下四个方面。

(一)生命安全知识

生命安全是人们赖以生存与活动的首要条件。在日常生活中,大学生需要掌握一些基本的户外旅游、防火、交通安全等知识。

对于大学生而言,保障自身生命安全的任务也包括宿舍安全管理。为了确保宿舍的安全,需要加强对宿舍安全管理规定的宣传教育。宣传教育的目的是引导学生注意防火安全,会使用并爱护灭火器材和消防设施。通过宣传教育,可以有效增强学生的安全意识,增强其安全防范意识,从而有效地降低灾害发生的风险。

同时,学生要养成自觉遵守校规校纪、交通法规的行为习惯,尊重生命,学会自我保护。这既是大学生应有的行为规范,也是保护生命安全的基本要求。在日常生活中,大学生要时刻保持清醒、冷静,不放松对自身安全的警惕,严防不测。

因此,保障大学生的生命安全是高校必须重视的一项工作。要实现这一目标,需要从多个方面入手,包括加强宿舍安全管理、增强学生安全意识、养成遵守行为规范的习惯等。只有这样,才能有效地保障大学生的生命安全,为其学习和生活提供更加安全、稳定的环境。

(二)财产安全知识

大学生在日常生活中,不可避免地会携带一些贵重物品,如现金、笔记本电脑、手机等。为了避免这些贵重物品丢失或被盗,大学生需要采取一些措施来保管它们。首先,应该将这些物品放在安全的地方,尽量避免将它们暴露在公共场合。例如,我们可以将现金放在钱包里,将笔记本电脑和手机放在行李箱或书包里,以免被偷窃。另外,对于一些价值较高的物品,如衣物、首饰等,我们可以使用特殊记号进行标记。这样可以方便我们识别和追回这些物品。例如,我们可以在衣物标签上加上自己的名字或特殊符号,以便于辨认。

在校园里,我们通常会使用校园卡来支付和管理学生生活。为了保障校园卡的安全,我们应该避免一次性充值太多的金额,以免发生丢失后无法挽回的损失。如果不慎丢失了校园卡,我们应该及时挂失,以避免被人盗用。

此外,随着互联网的发展,网络诈骗已经成为一种常见的犯罪手段。为了避免被网络诈骗骗取财物,我们需要认清诈骗分子的伎俩,并增强安全意识。例如,我们应该谨慎打开来路不明的邮件和链接,避免泄露个人信息和密码。

大学生还需要在思想上形成一道"防火墙",保护个人财产安全。这意味着大学生需要时刻保持警觉,不要轻易相信陌生人的承诺,避免随便借钱或借物品给别人,以免被人利用或欺骗。只有这样,才能真正保障大学生的个人财产安全,让自己的生活更加安心和放心。

(三)网络安全知识

网络安全是国家和政府非常重视的问题。不仅是政府和企业需要保护自己的网络安全,大学生也需要学习网络安全知识来保障自己的个人信息和财产安全。

学习网络安全知识包括设置安全的网络密码、设置邮箱安全、智能手机安全、智能家居安全等。这些措施可以有效地保护我们的个人信息和财产安全。同时,我们还需要了解网络诈骗、网络病毒等网络安全威胁,以及如何预防和应对这些威胁。

大学生可以通过具有过滤功能的浏览器进行防御,一旦发现违法或存在不良内容的网站,也可以向有关部门积极举报。这些举报可以有效地打击网络不良信息和犯罪行为,保护网络环境的健康和纯净。

大学生应该规避网络不文明行为,自觉遵守全国青少年网络文明公约。不文明行为不仅会影响自己的形象,还会对他人造成困扰和伤害。遵守网络文明公约不仅是一种道德要求,也是一种法律规定。大学生要从思想上绷紧网络安全这根弦,不断提高网络不安全因素分辨能力和应对方法,积极成为网络安全卫士,传递正能量。

（四）心理健康知识

大学阶段，是大学生心理逐步走向成熟的时期，但也是心理问题多发的时期。现在，我们经常听到大学生因为抑郁而失去联系甚至自杀的案例，大学生的心理健康状况确实让人担忧。

在今天这个快节奏的社会中，大学生普遍面临着学业、就业、家庭等多重压力，而他们的心理承受能力普遍较弱。因此，很容易出现心理问题。如果这些问题得不到及时的诊断、疏导或治疗，就可能变成心理急症，比如自杀和犯罪。所以，大学生们要正确看待当前社会上广泛存在的"心理亚健康"现象，学会调节情绪，保持乐观的心态，不要让焦虑、压抑、沮丧等消极情绪成为"隐形杀手"。

另外，培养良好的人格特质也非常重要，要接纳自己，不断提升自己的自尊心和自信心。同时，养成科学健康的生活方式也很重要，包括坚持参与体育锻炼、少饮酒、不吸烟以及合理安排工作与休息的时间。

最后，如果有必要，可以向家人、教师或专业的心理咨询人员寻求帮助。寻求帮助是一种勇敢的行为，通过与专业人士交流，能够获得有效的解决办法和支持。

三、安全技能教育

缺乏安全必备技能是安全事故发生的原因。很多人会认为他们掌握了安全知识，但是在真正的危险情况下，他们却发现自己没有办法有效地应对。这是因为安全知识和安全技能存在本质上的区别。安全知识只是理论知识，而安全技能则是将理论知识转化为实践能力。因为在掌握了安全技能之后，我们可以更加自信地应对各种危险情况，从而减少安全事故的发生。这需要我们不断地在实践中积累经验，通过不断地练习来提高自己的实践能力。

大学生必备的安全技能有以下方面。

（一）防骗技能

在网络时代，诈骗事件层出不穷，大学生作为网络时代的一代人，更应该提高警惕性，增强防范意识，保护自己的权益。以下是几点需要特别注意的事项：

第一，验证身份。在QQ、微信等社交软件中，经常会遇到自称是QQ好友、网店客服、学校领导、警察、法官等身份的人，这些人会发来链接，让你点击或者让你填写个人信息。这些信息很可能是骗子用来盗取你的个人信息的。因此，要先验证对方身份，不要轻易点击链接和填写个人信息。

第二，拒绝"小额垫资，高额回报"的骗局。不少骗子会利用大学生急于赚钱的心理，通过网上兼职刷单、代理、博彩等方式来骗取钱财。这些骗子常用"小额垫资，高额回报"的方式来诱惑大学生，让他们不断地投入资金。大学生应该坚持不听、不信、不转账，谨防这些骗局。

第三，抵制非法网贷和投资理财中的"高额回报""快速致富"陷阱。不少骗子会通过网络平台来进行非法网贷和投资理财活动，常用"高额回报""快速致富"等词汇来诱骗大学生。大学生应该提高警惕性，不要被这些诱惑所迷惑。

第四，找工作要通过正规渠道。大学生兼职、找工作时，一定要通过正规渠道，并与公司签订劳务合同，保障自身合法权益。不要盲目相信所谓的"内部推荐"等方式，以免上当受骗。

第五，交友需谨慎。交友诈骗手法层出不穷，交友有风险，网恋需谨慎。不要轻易相信网上陌生人的话，以免被骗子利用。

第六，遭遇诈骗时要及时报警。如果你不幸遭遇了诈骗，一定要及时报警，并将相关的联系信息留存好交给警方，以便警方侦查破案。只有及时采取行动，才能保护自己的权益。在网络时代，大学生应该时刻保持警觉，加强防范，远离骗局。

（二）防盗技能

大学生需要时刻注意自己和身边人的安全。宿舍安全、外出防盗、手机防盗和养成良好安全习惯是大学生日常生活中必须做好的几个方面。

首先，宿舍安全是我们在校园中必须重视的问题。我们应该养成睡前门反锁的好习惯，出门时要关好门窗，将贵重物品放在有锁的柜子里。此外，我们还需要保持警惕，不让陌生人随意进入宿舍，避免发生悲剧。

其次，外出防盗也是大学生在日常生活中必须注意的问题。大学生应该看管好携带的个人财物，特别是在人群聚集的地方，让贵重物品始终保持在自己的视线范围内。此外,还要谨防扒手,不做"低头族",以免财物被盗。

再次,手机防盗也是大学生必须注意的问题。大学生可以通过设置口袋、USB、桌面等防盗模式,只有解锁才能关掉警报声,有利于第一时间发现问题。如果手机被盗,也要及时止损,通过挂失手机卡、冻结手机支付、修改各类 App 账号的登录密码、及时通知亲友勿上当等应急措施将损失降到最低。

最后,养成良好安全习惯也是大学生必须坚持的。我们应该随手锁门、关窗,妥善保管贵重物品,不将各类账户密码和身份信息存于手机里,及时撕毁快递、外卖单上的个人信息等。只有掌握常见的防骗技能,才能够保障自己和身边人的安全。

（三）防火技能

火灾是生活中常见的意外事故,它不仅会给人们的生命和财产带来极大的损失,还会对社会造成不良影响。因此,每个人都应该了解一些基本的火灾防护知识与技能,增强自我防范意识。

首先,应该尽可能避免使用伪劣电器和大功率电器,特别是长时间不停电的情况下。此外,及时报告安全隐患也是非常重要的,这样可以避免潜在的火灾危险。

其次,应该掌握拨打火警电话的注意事项。在报警时,一定要讲清着火的具体地址、火势等信息,以便消防人员能够及时赶到现场进行救援。在等待消防人员到来的过程中,要尽可能利用灭火器、消防栓等消防设施,尽可能减少火势的扩散。

在火灾发生时,应该迅速从最近的安全出口有序逃生。在逃生的过程中,可以用湿毛巾捂住口鼻,保护呼吸系统,避免吸入有毒烟雾。如果没有安全出口可供逃生,可以利用绳索或其他自然条件作为救生滑道等逃生技巧,尽可能保护自己的生命安全。

（四）自救互救技能

在日常生活中,突发意外事件时常发生。如果不及时采取有效的救护措施,就会导致严重的后果,甚至生命危险。因此,依靠"第一目击者"立即进行有效救护,抓住"救命黄金时刻"是非常重要的。这样做可以大大降低死亡率。

作为一名大学生,掌握紧急救护的技能是非常必要的。例如,掌握心肺复苏技能、气管异物梗阻急救法、创伤止血包扎固定搬运技巧等紧急救护技能,并运用简易装备进行简单急救,可以在紧急情况下帮助他人,保护自己的生命安全。

除了掌握紧急救护技能,大学生还应该提高自救互救技能。在遇到突发事件时,知道如何利用身边的设备进行自救、如何向他人寻求救助,并能够有效地组织和协调救援行动,以减少伤亡和损失。

四、安全文化教育

校园安全文化是在校园环境的长期影响下形成的,它会潜移默化地影响大学生的思想和行为。通过构建和谐安全的校园文化,可以帮助大学生将掌握的安全知识内化于心外化于行,形成安全意识和安全行为习惯。校园安全文化是校园文化的重要组成部分,可以在学校教学、科研、日常管理和各种校园活动中渗透安全文化教育的内容。宣传栏、广播站、校报校刊、公众号、图书馆的电梯以及人流量较大的路口都是有效的宣传阵地。比如,在安全宣传栏上放置安全标语或宣传画;在特殊时间段,比如节假日或双十一,通过微信公众号发布相关安全信息,提醒大学生注意网络诈骗;在宿舍楼下分发安全用电谨防火灾的宣传册;在校园道路设置安全警示牌,要求学生靠右行走,并设置安全出口标志等等。这些方式都可以营造安全文化环境,通过潜移默化的影响,让大学生在安全的文化氛围中接受教育和熏陶。

安全文化教育是一个有机整体,培养安全行为文化意味着将外在的约束转化为内在的安全行为。建设校园安全文化是一个系统工程,要求每个人都重视安全、时刻注意安全、事事不忘安全。只有这样,校园安全文化才能得到全面发展和落实。安全文化是经过长期潜移默化的灌输和培养而形成的,一旦形成,它就成为预防安全事故的有效屏障。

第三节 大学生安全素养培育的主要措施

一、大学生安全素养培育的主要举措

（一）开设专门课程教学

大学生安全教育是高校教育的重要组成部分，也是教育部门高度重视的工作。为了推进安全教育，近年来，许多高校已经将《大学生安全教育》列为公共选修课，并通过线上慕课学习、直播课程学习以及线下实践和布置课后作业来进行教学。

开设专门的安全教育课程可以让大学生更深入地了解人身安全、财产安全、网络安全等方面的安全知识。通过学习该课程，大学生不仅可以增强安全意识，还能了解相关的法律法规、方针政策等，提高应对不法侵害和防范各类事故的能力，这对保证大学生顺利完成学业具有非常重要的意义。

此外，关于安全教育的书籍也越来越多，可供大学生自主学习和参考。一些省市还发布了实用性强的安全教育读本，结合本地实际情况，培养和增强大学生的安全意识，提高他们的自我保护和互助能力。

（二）开展专题教育活动

随着社会的不断发展，安全教育已经成为高校教育中不可或缺的一部分。为了确保大学生的安全，一些高校已经将安全教育纳入主题教育当中。这些活动包括新生入学辅导员召开安全教育主题班会，以及通过多种方式在特殊日子进行安全教育活动，引导大学生自主参与、体验感悟。例如，在疫情期间，许多高校进一步完善规章制度和班级工作体系，开展线上安全教育活动，通过线上安全教育活动，学生可以在家中就能够受到安全教育，增强自我防范意识，减少因疫情造成的安全隐患。同时，很多高校还利用疫情防控过程中的安全教育案例，让学生在实际情况中体验和感悟安全教育的重要性。这不仅可以帮助学生更好地了解安全教育的内容,还可以让学生更加深刻地认识到安全教育对于个人和社会的重要性。

（三）发挥校园文化作用

稳定的校园环境有利于安全教育工作的展开,所以,充分发挥校园文化的作用具有非常重要的积极意义。

第一,高校需要完善基础安全设施配置,包括安装监控设备、加强校园环境整治等,以形成干净整洁且布局合理的校园环境。这样可以为学生提供一个安全、舒适的学习和生活环境。

第二,高校需要更多关注以文化人的作用,开展安全教育主题实践活动,利用班会、讲座、演练等方式,多途径、全方位地开展安全教育,使大学生对安全的认识更加全面、深入、准确,促进大学生正确安全观的形成。这样可以增强大学生的安全意识和防范能力,增强他们的应对突发事件的能力。

第三,高校需要开展各种宣传工作,如利用校园广播、开展安全知识竞赛等,开展防火、防盗等实际演练等方法,提高大学生的应急处理能力。这样可以让大学生通过多种途径了解安全知识,增强他们的安全意识和防范能力。

第四,高校的文化环境对大学生的影响是缓慢且短时间里不易外显的,但其影响力却是深远而持久的。所以,营造一个良好的校园文化环境,能够在潜移默化中帮助大学生形成正确的安全观念和行为习惯。

第五,完善基础安全设施、开展安全教育、开展宣传工作等活动的实施不仅在一定程度上增强了大学生的安全意识和防范能力,也构成了校园文化的重要一环,良好的环境与教育活动形成良性互动,为创建平安校园提供了有力支撑。

最后,学校营造的人人讲安全、事事重安全的良好校园安全文化环境,体现了高校安全工作由被动灌输到主动接受,通过潜移默化的环境熏陶与教育活动的有机结合,让大学生自觉树立安全防范意识,内化为自觉行为,提高自身安全素养。

（四）充分利用社会资源

最近几年,学校与消防、交通、公安等有关部门共同为大学生创造了一个良好的环境进行安全教育。高校安全教育工作涉及多个部门,涉及范围广,要想发挥良好的作用,必须从多个层面入手。比如,针对校园贷陷阱,除了通过开设相关课程、组织讲座等方式对学生进行教育和指导之外,还要将正式的金融贷款机构引进学校中,让学生可以通过正规途径获取贷款。以扬州大学为例,该校以"主题社区、示范楼栋、文化走廊、特色宿舍"的学生社区文化建设理念为指导,先后进行了各种主题的校园安全教育,在校园内进行"沉浸式"的校园平安教育,运用人机互动、触摸屏、智能电视等前沿智能技术,让学生可以更直观地体会到各种灾难带来的震惊冲击,还邀请消防员对大学生进行详细的介绍和示范,让大学生能够多角度、零距离地了解消防知识,从而提升自救和互救能力。

二、加强大学生安全培育的对策

(一)强化学校安全教育功能

1.建立安全教育长效运行机制

建立安全教育长效运行机制是保证大学生安全教育顺利有序开展的重要前提,也是打造平安校园的内在要求。

首先,高校各个部门要全员参与大学生安全教育和管理工作,同心协力相互配合,以更好实现教育目标。学校保卫处要坚守岗位,对外来人员和车辆进行严格把控,为大学生的健康成长营造安全稳定的校园环境。学生会、公寓管理办等部门也要切实履行好各自责任,如定期检查违规电器、到宿舍走访、通过微信群推送校园警情或安全常识、张贴发放宣传单等方式,进行宣传教育。

其次,在校党(团)委的带领下,高校思政课教师和专业课教师要共同参与,充分发挥好课堂教育的主渠道作用。辅导员要通过班委、测试、谈话等方式密切关注学生动态,尤其需要关注当前大学生较为活跃的思想动态,及时发现问题并于问题萌芽之初及时解决问题,避免问题的恶化甚至发生安全事故。

最后,建立安全教育长效运行机制,使各个部门权责清晰各司其职,才能在全校范围内形成"一起抓、共同管"的局面。这样的机制可以通过定期召开会议、制定文件、落实责任等方式实现。同时,学校可以建立安全委员会,对校园安全工作进行统筹规划和协调管理。

另外,大学生作为安全教育工作的重要参与者和发言人,应该充分调动其积极主动性,增强自身的安全意识和责任感。作为校园安全的小管家,大学生应该积极参与到各种管理中来,以学生供给侧为主,发挥自身的主体性和作用。例如,学生可以参与到宿舍安全巡逻、校园安全监控、食品安全检查等工作中来,发现问题及时报告并积极参与解决。

2. 加强安全教育队伍建设

为了保障大学生的安全,学校需要加强安全教育队伍建设,预防突发事件的发生。

第一,保卫部门人员需要接受相关培训,提高专业素质和应对突发事件的能力。他们需要学习预防、应对和处理突发事件的技能,以及制定相应的解决方案。

第二,辅导员在大学生身边起着重要的引导和影响作用。因此,他们需要接受相关的安全教育培训,不仅在知识和技能上能够做到专业过硬,还要具备良好的道德品质和职业操守,能够传递正确的安全教育观念和方法。

第三,各学科教师也应接受安全教育培训,增强他们自身的安全教育意识和能力。教师可以将安全教育融入各自的学科教学中,通过案例分析、项目实践等方式,让学生在掌握专业知识的同时也更加注重安全。

第四,学校可以将安全教育情况纳入教师绩效考核体系,激励教师创新教育教学方法,关注学生的安全教育需求。

3. 创新安全教育教学内容方法

安全教育教学应因时而进、因事而化、因势而新[1],这是安全教育的基本原则。特别是对于大学生这个人群,大学生思维比较活跃,容易接受新鲜事物,传统的理论说教反而不容易被大学生接受,要注重以大学生喜闻乐见的方式开展安全教育,从而提升大学生的获得感和安全教育

---

[1] 陈少雄,宋欢."三大创新"推动高校学生思想政治教育工作化无形为有形[J].高教探索,2018(08):104-106.

效果。对于大学生进行安全教育,可以采取如组织安全知识竞赛、实战模拟等活动,以提高大学生的积极性和参与度。同时,可以通过大学生经常使用的 App 平台宣传安全知识、定时播放相关常识等方式进行安全教育。通过这些形式的活动,可以让大学生更加深入地了解安全知识,提高应对突发事件的能力,从而更好地保护自己和他人的安全。

（二）重视家庭安全教育引导

1. 关注子女身心健康教育

父母对于大学生来说非常重要,是大学生最信任和依赖的人。父母既有抚养孩子的责任,也有教育孩子的义务。虽然大学生已经具备一定的知识和判断能力,但在面对复杂的问题或重要的事情时,他们还是会主动寻求父母的意见。因此,父母不仅要扮演指导引导的角色,还要尊重孩子的意愿,更加关注孩子的日常生活和心理需求,促进孩子健康身心的发展。

首先,父母应该满足孩子的生活需要,例如定期支付学习和生活费用。尽管大学生已经具备独立生活能力,但由于缺乏社会经验,容易成为校园贷款和电信诈骗等案件的受害者。因此,家长可以与孩子约定每月固定时间汇款,并经常与孩子沟通,了解是否有特殊情况发生,从源头上预防和控制诈骗案件发生。

其次,父母要关注孩子的精神世界,了解他们的兴趣爱好,与孩子成为真正的朋友。现在许多大学生面临着巨大的压力,缺乏积极、健康的心理状态,甚至出现抑郁症等问题。因此,父母应抽出时间与孩子进行沟通交流,了解他们的近况和内心感受,并及时帮助孩子发现问题并解决。

最后,父母需要不断提升自己的学习能力,传授必要的防范技能,帮助孩子在困境中正确地自救和自保。父母是孩子学习的榜样,应注意自己的行为习惯,以身作则,通过自己的实际行动潜移默化地影响子女。这可以帮助孩子培养安全的行为习惯,从根本上预防和减少安全事故的发生。

2. 实现家校联合互动机制

要实现大学生安全教育的目标,学校和家庭需要形成紧密合作的联合互动机制。家庭和学校是大学生日常生活的主要场所,都对他们的安全教育起着重要作用。家庭教育越温情柔软,越有利于形成孩子的价值认同;学校教育越具有约束力,越有助于养成安全习惯。通过家庭和学校的相互补充和协同配合,可以更好地保障学生的安全和促进他们身心的全面健康发展。

为了建立好家庭和学校的联合互动机制,需要加强家长和教师之间的交流联系,并共同制定切实可行的教育方法。学校的辅导员教师可以增进与家长的联系,通过电话访谈、建立微信群等方式,客观真实地反映大学生在校期间的表现,并提出相关的意见建议。家长也应积极履行家庭教育责任,加强与孩子之间的日常沟通交流,并在需要时主动寻求学校教师的协助和咨询。家庭和学校的协同教育有利于创造一个更加安全稳定的成长环境,帮助大学生树立正确的思想意识,保障他们的身心健康发展。

(三)提高大学生学习主动性

大学生作为安全教育的对象,只有自身在思想上提高认识,并能够自觉落实到日常行动中去,不断提高学习主动性和参与度,才能真正做到从本质上有效避免或减少安全事故的发生。因此,大学生安全教育不仅需要学校教育和家庭引导,更需要大学生自身加强自我教育,通过正确认识和理解安全教育的意义,积极主动参加社会实践活动等方式,在主动学习中不断提升安全素养。

1. 正确认识安全教育的意义

现在很多大学生都非常敏感,遇到一点挫折就容易感到焦虑和不安,有些人甚至因为压力太大而产生自杀的想法。但他们没有意识到,选择结束生命是非常可怕和不可逆的,会让自己失去所有未来可能的美好。生命只有一次,一旦结束就再也没有机会重来,冲动的行为不仅会毁掉自己的人生,还会给身边的人带来无尽的悲痛。

同时,当前部分大学生面对社会上的各种诱惑很容易陷入对物质生活的追求,忘记了初心和目标。他们为了追求更好的物质生活,迷失了自我,精神世界越发贫乏。曾经的梦想和抱负被抛到一边,迷茫成了常态。

因此,大学生应该意识到自己承担着对家人、社会和自己的责任,不要忘记初心,要学会珍惜和爱护生命。我们要全面认识安全教育的重要性和必要性,增强自己的安全意识。只有意识到"安全第一"是非常重要的,才能勇敢面对生活中的挑战。我们需要通过学习安全防范知识和技能,来避免悲剧发生在自己身上。

2. 积极参加社会实践活动

参加社会实践活动对于大学生来说非常重要。这样的活动不仅能增强安全教育的实际效果,还能培养大学生的实际操作和应急处理能力。学校应该积极组织这些活动,给大学生提供参与校园和个人安全工作的机会。例如,扬州大学利用先进的智能技术组织活动,让大学生身临其境地体验各种灾害带来的冲击,让他们更直观地感受到校园安全的重要性。在邢台市,大学生志愿者参加了公安交警组织的交通安全主题实践活动,通过模拟酒驾、进行酒精测试等亲身经历,让大学生深入了解交通安全的重要性。通过这些方式,让学生更直接地感受到安全的重要性,掌握更实用的安全知识和技能。

同时,大学生也应该提高参与社会实践活动的热情和主动性。在实践中,他们可以拓宽视野、提升能力,增强自己的意识。这样在面对工作和生活中的难题时,就会有更广阔的胸怀和更多的知识储备,提升他们的独立性和自主性。只有从心理上构筑起一道牢固的安全屏障,才能最大限度地降低安全事故的发生率。

(四)优化社会安全教育环境

环境是人们生存和发展的重要因素,任何人都不可能生活在真空中。当前,随着社会环境的日益复杂,威胁大学生安全的因素也日渐增多。大学生安全教育也依赖于社会大环境,良好的社会环境有利于促进校园和社会的有效衔接,为大学生身心健康营造良好社会氛围。因此,我们要加大对安全教育的关注度,不断优化社会环境,发挥新媒体和舆论的积极引导作用,以进一步发挥社会的教育功能。

1. 加强校园安全教育,优化安全教育社会环境

目前,安全教育主要集中在高校,课堂是主要的教育方式。虽然部分社会力量已经参与其中,如交警、消防等部门,但由于缺乏合作基地和长期运行机制,合作效果并不理想。因此,我们需要更加重视安全教

育,进一步加强学校与政府、医院和企业等的合作,整合社会资源,优化安全教育社会环境。

政府是维护社会环境的主要责任方,不仅要加强社会治安治理,还要改善校园环境,严厉打击违法犯罪分子,增加震慑和打击力度。教育部可以对高校的安全教育活动制定硬性指标,例如高校必须配备专业的安全教育师资队伍,每学期至少进行一次全员参与的应急演练等。同时,建立有效的考核评价机制,明确工作任务、人员配置、责任机构、条件保障和资金投入等。

企业作为社会的重要组成部分,也应该参与安全教育活动,与员工和学生共同组织安全教育活动,建立安全教育培训基地,为大学生顺利过渡到社会生活打下坚实基础。

此外,一些医疗和心理机构也可以与学校建立长期合作机制,利用特殊的节日等机会参与学生的心理健康教育、咨询和干预工作。定期在学校开展专题的安全教育活动,提高学生的参与度和获得感,形成良好的安全教育环境,帮助大学生养成良好的安全行为习惯。

2. 发挥新媒体引导作用

社会是大学生安全教育的重要场所,因此需要充分利用新媒体的引导作用来开展安全教育工作。对于现代大学生来说,新媒体在日常生活中起着不可或缺的作用。发挥新媒体的引导作用是一种易被大学生接受的有效方式,尤其是对于"00后""05后"的大学生群体来说,他们对互联网的依赖程度非常高。但是,互联网上的信息良莠不齐,容易对尚未形成完整世界观、人生观和价值观的大学生产生影响。因此,通过发挥新媒体的引导作用,能够全面进行安全教育,促使线上线下教育相结合,并增强大学生自我教育的主动性。相比传统的课堂教学和实践演习,互联网和其他新媒体拥有更加丰富多样的教育形式和内容。特别是微课堂、微咨询和微上报等微视频形式更容易吸引学生的兴趣,增强教育效果。互联网等新媒体具有开放性强、内容丰富、信息传播速度快等特点,而大数据分析技术能够满足个性化需求,创新安全教育的内容和形式。这种新型的"微课"和"慕课"等教学模式还有助于培养大学生的独立思考能力和鉴别能力。

另外,将社会安全事件融入高校安全教育也是很有意义的。这有助于提高大学生对当前社会现状的了解程度,增强他们的忧患意识,从而在事故发生之前采取相应的防范措施。大学生作为社会的一部分,了解和掌握社会安全事故发生的特点和规律非常重要。将社会安全事件纳入高校安全教育中,选择具有代表性的典型案例进行深入分析,用事实说话,可以进一步扩充安全教育的内涵和外延,增强大学生的安全意识,培养他们的风险思维能力。

第三章

大学生心理素养研究

第一节 健康与大学生心理健康概述

一、健 康

健康不仅是指身体发育良好,体格强健,还包括良好的心理素质和心理状态。健康是人生存的根本,是事业的基础。只有健康的人才能高效地生活,全面地发展。健康是人生的第一财富,对于作为天之骄子的大学生来说,心理健康更是学业成就、事业成功、生活快乐的基础。

随着科学技术的发展,以及人类对自身认识的深化,人们关于健康内涵的认识正发生着巨大的变化。最初的那种认为只要身体没有疾病、生理机能正常就等于健康的观念已经过时,健康的概念已从传统的生物医学模式走向生物—心理—社会模式。

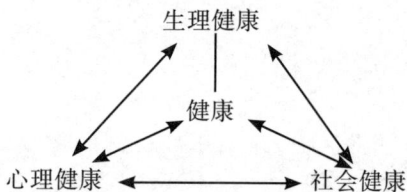

图 3-1 健康结构图

《简明不列颠百科全书》这样定义:"心理健康是指个体心理在本身及环境条件许可范围内所能达到的最佳功能状态,不是指绝对的十全十美的状态。"1948 年,联合国世界卫生组织在成立宪章中指出:健康不仅是没有疾病,而且是身体上、精神上和社会适应方面的完好状态或完全安宁。1989 年,世界卫生组织又深化了健康的概念:健康是一种身体上、精神上和社会适应上的完好状态和道德健康,而不是没有疾病和虚弱现象。[1] "心理健康是健康的一半甚至全部"这一理念正被越来越多的人所接受。

---

① 吕建国.大学生心理健康教育[M].成都: 四川大学出版社,2005: 8.

从世界卫生组织对健康的定义可以看出,健康不仅是指没有疾病或病痛,更是一种身体上、精神上和社会上的完全良好状态。真正的健康至少包括三大要素:

第一,生理平衡。即生理健康,是指身体结构和功能正常,没有身体疾病,具有生活的自理能力。

第二,心理平衡。即心理稳定,没有心理障碍,能够正确认识自己,及时调整自己的心态,使心理处于良好状态以适应外界环境的变化。

第三,社会成熟。指的是具有社会适应能力,即具有适应自然环境的能力,人际关系处理能力,处理家庭、学校和社会生活的能力。

二、大学生心理健康

(一)大学生心理健康的现状

1. 大学生心理健康状况引起学校高度关注

当前高校大学生心理健康状况存在的主要问题有情感问题、人际关系问题和学习问题、适应环境问题、恋爱问题和就业问题等。这些心理问题在一定程度上会让大学生产生不适应、焦虑、压抑等负面感受,如果这些负面感受长期存在且无法得到释放,那么就会形成一种病态的心理,继而会对大学生的身心健康成长造成很大的危害。学校作为大学生生活学习的主要场所,对此一定要引起高度关注。

2. 大学生的情绪问题特别突出

随着社会的不断发展,大学生面临的压力也越来越大。来自社会、家庭等方面的压力使得大学生的情绪、情感体验更加丰富。而大学生的情绪问题特别突出,主要原因是年龄和心理特点决定了他们的心理正处于多变的高峰期,情绪、情感的两极性特别明显。这种情况在大学生中尤为常见。

3. 大学生人际关系问题也很普遍

大学生人际关系问题表现为沟通不良、交往恐惧、人际关系失调、孤独、缺乏社交技巧等。造成这一问题的主要原因是个性差异及缺乏社会锻炼和经验。在大学生群体中,有些人很难融入班级或社交圈,因为他们不善于与人交往或者缺乏社交技巧,这会影响他们的心理健康。

4. 大学新生的环境适应问题也很突出

由于大学生具有独立性不足、社会阅历浅、过于理想化等特点,有些大学生明显表现出适应障碍。大学新生步入大学,需要适应新的生活方式、学习环境和社交圈,这些变化可能会给大学生带来压力和不适应的感觉。此外,大学生在就业问题上可能会感到迷茫和不确定,甚至出现就业焦虑症;在恋爱方面,大学生可能会遇到挫折和困难,导致心理上的不适应。因此,加强大学生心理健康教育工作已迫在眉睫,这不仅关系到大学生个体正常学习、生活与成才,而且还关系到我国新时期人才的总体质量,关系到"科教兴国"战略能否实现,关系到中国综合国力能否有效提高,关系到中华民族的伟大复兴能否实现。

(二)大学生心理健康教育的目标

从受教育者的角度来看,大学生心理健康教育的目标可以分为当前目标与长远目标;从教育者的角度来看,大学生心理健康教育的目标可分为发展性目标与补救性目标。在教育实践中还要设定一个具体的目标,以利于大学生心理健康教育的开展。

1. 当前目标与长远目标

大学生的心理健康教育的当前目标是解决个人目前所面临的一些心理问题,如失恋、学习成绩差、被同学轻视、感觉人生无望等等,针对这些问题需要对其进行适时的心理辅导,来帮助其解决当下的心理问题。长远目标通常涉及大学生心理素质的提高和健康人格的塑造,使他们有机会重新认识自己、接纳自己,进而欣赏自己,克服成长障碍,使自己的潜能得到充分的发展。在心理健康教育过程中,当前目标与长远目标应当有机地结合起来。

2. 发展性目标与补救性目标

大学生心理健康教育的发展性目标是要对大学生的心理素质和心理健康进行有目的的培养和促进,使他们的心理素质不断优化,形成健康的心理,从而能适应社会,健康地成长和良好地发展;补救性目标则主要是针对少数在心理上出现问题的学生,是治疗性的和矫正性的。发展性目标与补救性目标结合在一起,其目的是增进全体学生的心理健康,提高大学生的学习与生活质量。

3.具体目标

具体目标反映学生在各个不同阶段的心理发展任务。具体来说,大学生心理健康教育的具体目标主要有以下三点:

（1）了解心理健康的功能

随着社会的发展,人们对心理健康教育的认识在逐级深化,可将心理健康教育的功能分为三级,即初级功能、中级功能和高级功能。[①] 初级功能是指为了提高人们心理健康状况而采取的基础性措施,比如开展心理健康宣传和教育、普及心理咨询服务等。中级功能是指通过心理治疗、心理辅导等专业手段来帮助人们解决心理问题,缓解心理压力,提高心理健康水平。高级功能是指通过对人们的人格、心理和社会能力的全面培养,让人们具备良好的心理素质和社会适应能力,从而更好地应对生活中的各种挑战和压力。

（2）树立科学健康知识

在现代社会中,健康是人类最宝贵的财富之一。因此,树立科学健康知识至关重要。未来的竞争是人才的竞争,作为人才主力军的大学生除了健壮的体魄,还需要具备心理素质和社会适应能力。这具体包括掌握心理卫生知识、学习如何管理自己的情绪、培养更好的人际交往能力等等。

（3）丰富大学生的心理卫生知识,提高自我保健能力

目前我国大学生心理卫生知识水平不高,且明显与年龄及学历很不相称。与心理健康有关的知识水平是促使行为和生活方式改变的最基本条件,也是人的整体素质的重要方面。心理健康教育就是要使大学生改变心理卫生知识贫瘠的现象,充分运用学校设备先进、信息传递快、资料丰富、各种人才济济等有利条件,努力掌握并丰富心理卫生知识,学会观察分析各种生理、心理和社会的影响因素,改变不健康的行为和不良的生活方式,提高自我保健能力。

---

① 　张新标,冯彦波,陈石研.当代大学生素质教育理论与实践探究[M].长春:吉林大学出版社,2013:108.

第二节　大学生心理健康的标准与影响因素

一、大学生心理健康的基本标准

心理健康是指一个人在心理上具备稳定、健康、积极的状态。在大学生群体中,心理健康非常重要,因为他们正处于成长和发展的关键时期,他们的心理问题很容易影响到他们的学习和生活,甚至会影响到他们未来的发展。因此,大学生心理健康标准被广泛认可和推广。这些标准包括有效的学习和工作、客观的自我认识、适当的情绪反应、和谐的人际关系、统一的人格、与社会的协调一致。

第一,有效的学习和工作。具有良好的心理素质的大学生能够积极应对学习和工作中的挑战,从中获得成就感和满足感,同时也能够对自己有一个清晰的认识,知道自己的优点和不足,从而更好地发挥自己的潜力。

第二,客观的自我认识。大学生要能够客观地认识和评价自己,不会过高或过低地看待自己,要能够接受自己的缺点和不足,并在这些方面不断努力提升,同时也能够欣赏自己的优点和特长,从而更好地发挥自己的潜力和实现自己的目标。

第三,适当的情绪反应。大学生需要学会适时适度地表达自己的情绪,同时也需要学会控制自己的情绪,不让情绪影响到自己的学习和生活。在保持良好情绪的同时,大学生也需要学会应对挫折和困难,从而更好地适应生活和学习的变化。

第四,和谐的人际关系。大学生需要学会与人和睦相处,保持良好的交往和沟通,同时也需要学会尊重他人、信任他人、关心他人,从而建立良好的人际关系。在这个过程中,大学生还需要学会保持自己的独立性和完整性,不因他人的影响而改变自己。

第五,统一的人格。具备健康心理的大学生应该具有相对稳定的、有机统一的人格,以正确的人生观和信念为中心,将自身的需要、动机、思想、目标与行为统一起来。大学生的人格应该随着客观现实的变化而发生相应的变化，并在变化中保持各方面的协调性，把握变化带来的机遇。

第六，与社会的协调一致。心理健康的大学生应该与社会保持良好的关系，主动地去了解社会和适应社会。这就要求大学生要适时调整自己的行动计划，以谋求与社会的一致，逐步建立符合社会规范、适应社会变化的生活方式。

大学生心理健康标准的确定能够帮助大学生更好地应对学习和生活中的挑战，从而实现自己的潜力和目标。因此，大学生应该认真对待这些标准，不断提升自己的心理素质，从而成为心理健康、充满活力和生命力的人。

二、大学生心理健康的影响因素

（一）社会因素的影响

1. 社会紧张性刺激增多

随着社会的不断发展，大学生在生活中面临的压力和紧张感也在不断增加。各种紧张性刺激因素的增多，使得大学生需要不断地进行自我调节和适应，而这种适应性调节并非总是成功的，有时会失调，从而引起心理矛盾和冲突，导致不良的心理体验。如果这些不良的心理体验得不到及时的解决和处理，可能会导致更加严重的心理问题，甚至会影响到日常的生活和工作。

为了保持身心健康，大学生需要采取积极的措施来进行自我调节，比如，可以通过运动、休息、娱乐等方式来缓解压力，增强身体和心理的适应能力；同时，也可以通过心理咨询、心理治疗等方式来解决心理矛盾和冲突，提高自我调节和处理问题的能力。

2. 社会文化关系的急剧变化和发展

社会文化环境对人的心理和行为有着深刻的影响，受改革开放大环境的影响，社会文化环境也发生了不小的变化，容易导致大学生适应不良或心理异常，引起心理矛盾冲突。因此，我们需要关注心理健康，培养适应现代社会发展的心理素质。

心理健康是时代的命题,需要社会、学校、家庭和每个大学生都给予足够的重视。

3.校园文化氛围中的负性因素

大学生在学业上和生活上也面临着各种压力,这些压力往往会对他们的心理健康产生负面影响,甚至导致情绪低落、焦虑、抑郁等问题。

第一,大学生在学业上面临着各种挑战,包括考试、论文和课程作业等。这些任务都需要投入大量时间和精力,使学生感到压力巨大。此外,大学生也常常感到竞争激烈,需要不断努力才能保持在同龄人中的优势地位。这些压力会使大学生感到焦虑和孤独,产生敏感多疑、多愁善感的心态,进而对心理健康产生负面影响。

第二,人际关系紧张是大学生产生精神压力的重要原因,会严重影响心理健康。大学生经常需要与各种不同的人建立联系,包括教师、同学和室友等,然而,这些人际关系往往也会出现紧张和冲突的情况。例如,学生可能会遇到与教师意见不和或与同学发生矛盾等问题。这些问题会导致大学生产生精神压力,影响他们的心理健康。

第三,大学生活主要还是校园生活,相对缺乏乐趣和刺激。大学生大量时间在学校和宿舍中,生活缺乏多样性和变化。这种单调的生活往往会使学生感到迷惘、压抑和兴趣减弱,会对他们的心理健康产生负面影响。

第四,大学生进入大学需要适应一个全新的环境。在这个环境中,他们需要独自面对与家庭的分离、与朋友的分离的问题,还需要适应学习、生活、社交等方面的变化。如果大学生不能适应这种变化,可能就会感到沮丧、焦虑和孤独。这种情况可能会导致心理失衡,影响大学生的学习和生活。

第五,大学生通常有很高的理想和期望,但现实情况往往与理想相差甚远。这种理想和现实之间的反差会对大学生的心理健康构成严重的威胁。

(二)个体心理因素的影响

随着社会的不断变革和生活的多样化发展,大学生们面临着越来越多的挑战和选择。在这样的背景下,一些大学生心理素质脆弱,难以承受困难和挫折,成了一种常见现象。

首先,大学生通常还处于成长和发展的阶段,缺乏经验和应对困难的能力,因此很容易受到挫折的影响。尤其是在竞争激烈的大学环境中,许多学生会感到压力巨大,难以应对学习和生活中的各种问题。他们可能会感到孤独、焦虑、沮丧等情绪,甚至导致心理问题。

其次,社会变革和生活多样化使大学生面临多种价值体系的选择。在这个过程中,许多大学生会产生价值观念上的摇摆,无法确定自己的立场和方向,从而感到迷茫和不安。这种价值观的波动还可能导致认知偏差,限制了大学生的视野,令他们难以看到真正的世界。

因此,大学生心理健康问题已经成为一个亟待解决的问题。高校教育应该更加注重学生的心理健康,提供必要的心理咨询和支持,帮他们应对困难和挫折,培养健康的心理素质。同时,高校教育也应该注重引导大学生树立正确的人生观和价值观,引导他们正确认识自己和世界,拓宽视野,树立正确的人生目标并为之奋斗。

第三节 大学生心理素养培育的主要内容

一、帮助大学生树立心理健康意识

帮助大学生树立科学的心理健康意识,是大学生心理健康教育的重要内容,也是大学生心理健康教育效果好坏的重要评价指标和大学生心理健康教育的主要目的。

大学生心理健康意识,是建立在"心理"和"健康"知识基础之上的关于大学生心理健康的认知、态度和观念倾向,它既体现着大学生对心理健康知识的了解和重视程度,又影响着大学生的思想和行为倾向。[1]

心理健康意识具有层次性。它基础的层面是知识层面,比如对于"心理是什么""心理与生理的关系""心理与外界环境的关系""心理的存在与认知""什么是健康""什么是心理健康""怎样实现心理健康"

---

[1] 肖水源.大学生心理健康(教师用书)[M].北京:人民卫生出版社,2005:111.

等知识的掌握;其次是态度层面,主要表现为对心理健康知识获取的积极程度和对心理健康状况关注的程度;第三是行为层面,主要表现为对心理健康的关注、思考、行动方面的主动性与坚持性。

由于心理健康意识中存在认知的对与错、知识的多与少、情感的好与恶、行为的积极与消极等两面性,因而心理健康意识也存在科学的心理健康意识与非科学的心理健康意识。大学生科学心理健康意识的树立,依赖于对相关心理学知识和心理健康知识的学习和掌握,并在主观上予以重视,在日常学习、生活、工作中加以运用,通过实践为自身或他人的成长成才服务,从而树立和优化心理健康意识。

二、帮助大学生学会对不健康心理的调适与处理

（一）帮助大学生了解不健康心理产生的原因及表现

影响大学生心理健康的因素很多,其中包括学习、恋爱、择业就业、师生关系、家庭关系、身体健康状况、生活环境等。具体来说,影响大学生心理状况的因素可以分为自身内在因素和外在环境因素。

自身内在因素包括先天遗传生理因素、后天习得性生理因素、个性特点和大学生心理发展过程中的内在必然矛盾。先天遗传生理因素是指大学生的体质、智力和情感等方面的遗传基因,这些基因会影响到大学生的心理健康状况。后天习得性生理因素是指大学生在成长过程中所接受到的家庭教育、社会环境等对其心理产生的影响。此外,大学生的个性特点和大学生心理发展过程中的内在必然矛盾也是影响大学生心理健康的重要因素。

外在环境因素包括社会大环境的变化、学校环境中的消极影响和家庭环境的消极影响。社会大环境的变化是指大学生所处的社会环境发生了重大变化,如政治、经济、文化等方面的变化,这些变化会影响到大学生的心理健康状况;学校环境中的消极影响是指大学生在学校中所遇到的种种困难和压力,如考试压力、就业压力等;家庭环境的消极影响是指大学生在家庭中所遇到的种种问题和困扰,如父母离异、家庭暴力等。学校和家庭应该为大学生提供更好的环境和支持,共同促进大学生心理健康发展。

（二）帮助大学生自觉而科学地利用心理防卫机制

在大学生活中，大学生经常会遇到各种矛盾和困难，无论是学习上的挫折、生活中的压力还是工作上的困难，都需要我们应对和解决。而心理防卫机制就是一种自我心理保护方法，可以帮助大学生应对负性心理和保护自己。心理防卫机制具有缓冲情绪冲突、保卫自己、缓和伤感经验、消除冲突等功能。当大学生面对挫折和困难时，可以通过心理防卫机制来减轻痛苦和不适，帮助自己更好地适应和应对。比如，当大学生遇到打击和挫折时，可以通过暂时回避、否认、逃避等方式来缓解负面情绪，保护自己的心理健康。

然而，心理防卫机制也有消极的一面，过度依赖心理防卫机制会导致大学生无法正视问题和解决问题，导致问题越来越严重。同时，单一性和错误性运用心理防卫机制也会使大学生的情绪和心理健康受到负面影响。因此，需要指导大学生自觉地、科学地运用心理防卫机制，避免依赖性、单一性和错误性地运用。大学生可以通过多种途径来提高自己的心理防卫机制，比如通过沟通交流、自我提升、改变思维方式等方式来提高自己的心理素质和适应能力。

总之，心理防卫机制在大学生心理健康方面有着积极的作用，但需要科学运用，避免消极影响。通过加强心理素质和适应能力，大学生可以更好地应对各种困难和挑战，实现自己的心理健康和成长。

（三）帮助大学生正确地认识和利用心理咨询

1. 大学生心理咨询的内涵及意义

心理咨询是指受过专门训练的心理咨询人员运用以心理学为主的各种科学的知识、理论、技术，通过与前来接受咨询的人员协商、讨论，进行有针对性的启发和指导，帮助引导来访者认清自我，树立信心，开发潜能，解决各种心理问题，更好适应环境、发展自我的实践活动。

高校心理咨询在许多发达国家和地区已有比较长的发展历史，而且已被人们广泛接受和运用。要帮助大学生正确认识心理咨询的意义，懂得心理咨询并非只帮助有心理疾病的人，而是只要大学生在发展和成长过程中遇到心理困惑或者需要对自身心理特点等进行了解和把握都可以寻求心理咨询。心理健康的人也可以而且应该寻求心理咨询。因为它可以帮助大学生提高对自身的认识,从而更好地把握自己的心理特点,确立更好的发展目标和策略,改变自身存在的缺陷和不足。

大学生心理咨询的范围很广,主要包括世界观、人生观、价值观方面的咨询;学习观念、学习方法、学习技巧、学习习惯方面的咨询;课余闲暇时间、课余生活安排的咨询;日常生活方式、生活习惯的咨询;性及爱情方面的咨询;人际关系方面的咨询;人格塑造及优化的咨询;择业及就业准备咨询等。

心理咨询可以提高大学生自身的心理调适能力,帮助大学生纠正错误的认知观念,克服不良行为习惯,优化个性人格特征;帮助大学生建立起良好的人际关系模式,使大学生更好地适应他人和环境,从而顺利成长为社会需要的人才;帮助大学生根据自身的能力、性格、气质选择一个社会需求与自身特点相适应的工作岗位,做到人尽其才。

2. 大学生咨询的方法、形式、程序、原则与分类

目前我国高校心理咨询中常用的方法有认知疗法、行为疗法、精神分析疗法、来访者中心疗法以及支持疗法,其中尤以认知疗法使用面最广,使用频率最高。

大学生心理咨询按咨询形式可分为:直接咨询或间接咨询;个别咨询或团体咨询;通信咨询或电话咨询;课内咨询或课后咨询。大学生可以根据心理咨询的内容来选择相应的心理咨询方式。

大学生心理咨询的程序基本包括:建立相互信赖的关系—收集信息—认定问题的大致范围和可能性—诊断检查—明确咨询目标—建立咨询计划步骤并付诸实施—追踪反馈—巩固和发展咨询成效。大学生心理咨询要注意咨询过程中的双向性、渐进性、反复性、多端性和社会性。企图通过一两次心理咨询就解决心理问题,或仅仅依靠心理咨询就想达到心理健康是不现实的。

大学生心理咨询应遵循信赖性原则、整体性原则、发展性原则、异同性原则、坚持性原则、保密性原则及预防重于治疗原则。从事大学生心理健康咨询工作的咨询员的责任心、业务水平、心理健康状况、待人接物方式、思想品德、理解人同情人程度、保密意识等都会影响到大学生对心理咨询的选择倾向和信赖程度,进而影响心理咨询工作的开展和效

果的优化。[①]

大学生的不健康心理按产生原因及重要程度大致可分为心理不适、心理障碍和心理疾病三类。对于不同的类型，有的可通过大学生自我调适克服，有的就必须依靠外界的帮助，如心理咨询才能解决。高校心理咨询以预防和教育为主，对于一些比较严重的心理疾病仅靠大学生自我调节和心理咨询是不够的，那还得与精神疾病医疗机构合作，辅以药物治疗等手段，当适合心理咨询时再用教育型心理咨询加以治疗和巩固。

（四）帮助大学生主动而有效地进行心理调适

在当今社会，越来越多的人开始关注自身的心理健康问题。而要解决这些问题，需要进行一系列的自我调适。

首先，明确自己存在的心理问题是自我调适的第一步。这需要根据心理健康标准和表现来确定。例如，焦虑、抑郁等情绪问题，以及自卑、孤独等人际关系问题，都是常见的心理问题。只有明确自己的问题，才能有针对性地进行自我调适。

其次，寻找心理问题产生的原因是自我调适的重要环节。这需要从社会、学校、家庭、自身等多方面综合分析。例如，社会压力、学业压力、家庭关系问题等都可能是引发心理问题的原因。通过分析原因，可以更好地理解和解决问题。

再次，确立科学的自我调适方法是自我调适的关键步骤。根据心理问题的性质确定相应的方法，可以查阅资料或寻求专家指导。例如，进行放松训练、运动、音乐疗法等，都是常见的心理调节方法。这需要根据自身情况选择适合自己的方法，并坚持实施。

最后，巩固自我调适疗效需要耐心和信心。心理问题的解决需要时间过程，要克服急功近利和一蹴而就的思想，在调适过程中总会出现一定的反复，关键是要树立信心，一步一步解决存在的心理问题，以达到健康的心理状态。

---

① 黄希庭，郑涌.大学生心理健康与咨询[M].北京：高等教育出版社，2000：26.

三、帮助大学生培养健康的个性心理

（一）帮助大学生认识和确立科学的心理动机

动机是激发和保持个人活动，并促使其朝着特定目标倾斜的心理倾向。人们的动机可以分为情境动机（受环境影响）和人格动机（内在因素）。动机与认知和归因密切相关。

认知是指外界变化或身体感觉对人的系统和大脑的信息加工的影响，从而引起对周围事物的感知、注意、记忆、思考和想象等心理活动。尽管个人具有主动和选择的能力，但社会、学校和家庭有意识地创造、控制和优化大学生接收信息和信息传递系统，有助于他们科学、全面地认识世界、社会和自己，从而为培养科学的动机提供条件。

归因是个体对认知客体某个属性或趋势的推理和判断。当大学生从事某项活动时，无论成功与否，都会寻求造成结果的原因，这就是归因。科学的归因建立在科学的认知基础上，与认知一起决定着动机的强度和方向。

大学生的科学动机建立在科学的认知（尤其是对自己的认知）和科学的归因基础上。大学生对自己的科学认知可以通过以下方式实现：（1）通过认识他人来认识自己；（2）通过分析他人对自己的评价来认识自己；（3）通过与他人比较来认识自己；（4）通过个人活动的表现结果来认识自己。这种对自我认知的理解包括学业、社会、心理、生理等多个层面。

一般认为，影响成功或失败的原因主要包括能力、运气、努力、任务难度和方法等因素。这些因素可以归纳为控制性（可控与不可控）、稳定性（稳定与不稳定）和原因源（内部与外部）三个维度。利用这三个维度来分析影响结果的因素，进行科学归因，如：内部—可控—稳定因素（如平时努力程度）；内部—可控—不稳定因素（如所采用的方法）；内部—不可控—稳定因素（如能力水平）；内部—不可控—不稳定因素（如疲劳程度）；外部—可控—稳定因素（如人际关系状况）；外部—可控—不稳定因素（如他人帮助）；外部—不可控—稳定因素（如任务难度）；外部—不可控—不稳定因素（如运气）。

通常来说，将结果归因为外部或不可控因素会降低个体对行为的动

力,而将结果归因为内部可控因素会增强个体对行为的动力。

科学的认知和归因有助于大学生培养科学的动机。大学生的心理健康教育应注重"以人为本,因人而异",帮助他们学会科学的自我认知和归因,并在此基础上形成科学的需求和动机。简而言之,科学的认知和归因有助于培养大学生的科学动机,促使他们更全面、科学地认识自己和世界,提高他们的动力和目标导向。

(二)帮助大学生认清并优化自己的性格

性格是描述一个人的思想、情感和行为方式的心理特征。它最初被用来描述人的道德品质,随着时间的推移,性格成为个性中最重要、最显著的心理特征之一。

性格可划分为内层结构和外层结构两大方面。内层结构表现在对现实态度的性格特征上,包括情感稳定性、神经质、外向性、开放性和责任感;外层结构表现在行为方式的性格特征上,如友善、诚实、勤奋、自信和宽容。这些性格特征在个体中形成一种稳定的心理结构,影响着个体的思想、情感和行为方式。

在大学生中,性格一方面反映着他们的学习和生活状况,另一方面则反映着他们的生活方式,从而影响他们的学业成绩和未来职业发展。同时,性格也会影响大学生的社交方式和人际关系,决定他们的生活质量和幸福感。

大学生心理健康教育应该帮助大学生认清自己的性格特点与类型,优化自己的性格。第一,读好书。通过阅读一些有关性格塑造的书籍,大学生可以了解到一些关于性格的知识和技巧。第二,交益友。和一些积极向上的朋友交往,可以促进自己的性格塑造。第三,勤自省、善慎独。大学生需要经常反思自己的行为和思维方式,并且需要有一些独处的时间,可以更好地了解自己。第四,广实践。通过实践,大学生可以更好地了解自己的能力和性格特点,并且可以找到适合自己的性格塑造方法。

另外,在进行性格塑造时,大学生需要遵循一些规律,结合自身动机、气质、能力特征因势利导。这是因为每个人的性格特点都是独特的,所以需要根据自己的情况来制定计划。从小事入手,抓住关键,善用奖惩,持之以恒,可以帮助大学生逐渐塑造自己理想的性格。

（三）帮助大学生认识并把握自己的气质

气质是人们心理活动的一种固定特征,它体现在我们的情感、认知和言语上。可以简单地理解为我们心理活动的强度、速度、稳定性和指向性。

有四种常见的气质类型,每种类型都有自己的特点。胆汁质型的人容易发怒,行动激烈;多血质型的人热情和喜欢活动;黏液质型的人冷静、善于计算;抑郁质型的人神经过敏,容易感到郁闷。大学生的气质类型通常是混合型,其中多血质和黏液质的人较多。男生中胆汁质型的比较多,女生中黏液质型的比较多。

大学生的气质类型也会受到社会环境的变化而相应改变。气质类型没有绝对的优劣之分,每种类型都有积极和消极两个方面,而且气质并不决定一个人的智商和成就。然而,气质会影响到大学生的活动性质和工作效率。

因此,大学生心理健康教育应该帮助大学生认识自己的气质类型,并发挥气质类型中的积极方面,克服消极方面的影响。同时,也要利用不同气质类型之间的互补特点,合理利用自己的气质,特别是利用意志和情绪特征,去限制和改造自己的气质。在学习、工作、生活等方面,协调努力,形成合力。最重要的是长期坚持,使自己成为气质的主人。

（四）帮助大学生了解并提高自己的心理能力

大学生心理健康教育对于大学生的能力培养有着重要的作用。首先,它可以帮助大学生测试并了解自己的各项能力水平,了解自己的优势和劣势,从而有针对性地进行能力培养。其次,它可以帮助大学生克服能力培养中的误区,比如过分追求短期成效、只注重理论而忽视实践等。再次,它可以帮助大学生掌握对情绪的调节与控制、对意志力的培养与控制、对行为习惯的养成与优化等,从而提高大学生的综合素养和各方面能力水平。

健康个性心理的培养塑造的过程包括认知过程、情感过程、意志过程。在认知过程中,大学生要进行信念化,即将理论知识转化为个人信念,并进行动机泛化,即将动机扩展到其他方面。在情感过程中,大学生需要进行模仿强化,即通过模仿他人的行为来强化自己的行为,并进行行为习惯化,即将良好的行为习惯养成为自己的习惯。在此过程中,大学生需要进行意志力的培养与控制,即通过自我控制和自我激励来提高自己的意志力。

第四节　大学生心理素养培育的途径

一、大学生自身应当关注心理健康

(一)养成良好的生活习惯

对于大学生来说,良好的生活习惯对于身心健康的重要性更加突出。大学生的健康生活习惯包括:合理作息,保证每天充足的睡眠时间和规律的作息;生活有规律,保持一个健康而规律的生活习惯;平衡膳食,保证摄入足够的营养素和合理的能量;科学用脑,合理规划学习和工作时间,保证脑力充沛;积极休闲,保证适当的休息和娱乐时间;适量运动,保持体育锻炼的习惯,增强身体素质,保持身体健康。

然而,有害健康的不良生活习惯也需要引起大家的关注。例如,吸烟,烟草中的尼古丁和其他有害物质会对身体造成严重伤害;饮酒过量,酒精会对身体造成损害,而过量饮酒还会影响心理健康,等等,这会对大学生身心健康造成威胁。

在大学生活中,保持良好的生活习惯对于身心健康的重要性不言而喻。只有养成良好的生活习惯,才能更好地保障身体健康,提高学习和工作效率,更好地享受生活。

(二)培养良好的个性

人都有一定的个性,不良的个性容易诱发心理疾病,而良好的个性对心理失调具有"免疫"能力。大学生培养健全良好的个性品质,提高人格境界,有益于积极有效地开展各种活动,促进身心健康发展。个性是心理现象的重要组成部分,是指在个体思想和行为中表现出来的比较稳定的特征和倾向,是心理活动长期积累的结晶。它包括个体的认知素质、情感品质、意志品质、兴趣素质、性格品质等。大学生要保持与促进自身的心理健康,必须注重良好个性品质的培养。具体来说,就是要树立正确的人生观与世界观;通过多种途径正确认识自我,并培养悦纳自我的态度,做到自信、自尊、自重和自豪;培养宽广的胸怀,保持乐观情绪,做到心胸宽广、豁达大度;有多方面的兴趣和爱好;磨炼意志,迎难而上,培养良好意志品质。虽然大学生的个性在进入大学学习之前已基本定型,但是个性又具有可塑性,大学生可以通过大学教育教学活动、文体活动、人际交往活动、社会实践活动和自我教育活动,进一步培养和健全良好的个性。

（三）加强对心理卫生知识的学习与应用

首先,大学生应该注重心理卫生知识的学习,以便正确地认识和理解自身出现的心理问题。许多大学生在面对各种压力时可能会出现焦虑、抑郁等情绪,如果没有正确的认识和处理方式,会对他们的身心健康产生极大的影响。

其次,大学生应该合理安排自己的学习负担,不能超负荷。过度的学习压力会导致焦虑、疲劳、厌学等情绪,甚至影响身体健康。因此,大学生应该采取适当的学习方法,如合理分配时间、建立学习计划等,以便在学习过程中能够更好地平衡自身的心理和身体状态。

再次,生活的节奏也要合理,有张有弛。大学生应该尝试参加各种形式的文体活动,以增加自信心和放松身心。这样不仅可以缓解学习压力,还可以提高学习效率。

最后,大学生要学会科学用脑,并实行时间管理和劳逸结合。过度用脑会导致神经衰弱和身体疲劳,因此,大学生应该培养健康科学的生活习惯,如规律作息、适当运动等,以保持身心健康和学习效率。

（四）保持良好的情绪

情绪对于心理健康非常重要,良好稳定的情绪状态有益于生活和工作。对于大学生来说,由于他们的情感比较丰富,同时也比较冲动,所以更应该学会保持健康的情绪。保持健康的情绪可以帮助大学生更好地面对生活和学业上的压力。

有时候,我们会遇到一些不良情绪,比如说愤怒、焦虑、沮丧等,在这种情况下,我们需要采取一些措施来宣泄这些情绪,以避免它们对我们的心理健康造成伤害。大学生可以采取倾诉、唱歌、哭泣、大声呼喊、参加文体活动等方式来宣泄不良情绪,也可以进行一些简单的呼吸练习,或者是尝试冥想、瑜伽等放松练习。

（五）学会关爱他人,建立和谐的人际关系

1.要正确认识自己和他人

大学生要正确认识自己和他人,应该摆正位置,既不能自卑又不能自负,要看到自己和他人的长处和不足,不要轻易妄自菲薄,也不要过于高估自己的价值。只有真正理解自己和他人的优劣势,才能更好地与人交往。

2.完善自己的个性,优化人格

大学生要完善自己的个性,培养诚实、正直、热情、开朗、可信等品质,形成良好的人格,这样才能赢得他人的信任和尊重。同时,也要学会倾听他人的意见和建议,理解他人的想法和情感,尊重他人的意见和决定。大学生在人际交往中要保持平和心态,善于把握情感和行为,尽量保持冷静、理智,并注意分寸和身份特定场合。应该尽量避免过度情绪化,不要轻易发脾气或情绪失控,要学会控制自己的情绪。

3.遵循人际交往原则,提升人际交往能力

对于大学生来说,人际交往能力的培养至关重要,这是一个需要长期积累和实践的过程。在交往过程中,遵循人际交往的原则不仅能够建立和谐的人际关系,还能够提高自身的交往能力和沟通能力。

首先,建立和谐人际关系需要遵循一些基本原则,如诚实守信、平等尊重、互助互帮、宽容理解等。这些原则是建立良好人际关系的基础,只有在遵循这些原则的基础上,才能够建立起真正的友谊和信任。

其次,在交往过程中,要从自身出发,培养基本素质,增进沟通和了解,这是建立和谐人际关系的前提。同时,选择适当的时机,与他人进行真诚的交流,展示自己的优点和缺点,也是建立和谐人际关系的关键。

再次,优化自我形象也是建立和谐人际关系的重要因素。以真诚、友善、热情、诚恳的态度和优雅的风度给人留下美好印象,能够让人更容易接受自己。同时,大胆自我推销,展示自己的长处,掌握人际交往的主动权,也是非常重要的。

最后,讲究与人交往的技巧,把握人际关系的分寸,寻找共同话题,掌握倾听的艺术,也是建立和谐人际关系的必备技能。只有在交往过程中,能够灵活运用这些技巧,才能够更好地与他人交流,建立起真正的友谊和信任。

（六）树立切合实际的目标

身心健康发展是每个人都应该追求的目标。要想实现身心健康的发展,需要树立切合实际的目标,选择适合自己的竞争领域。

首先,在确定奋斗目标时,不要过于自信或自卑,要在能力范围内设定目标。只有目标切合实际,才能更好地实现目标,从而达到身心健康的发展。

其次,要根据实际情况选择竞争的领域。每个人都有自己的特长和优势,选择适合自己的竞争领域可以充分发挥自己的优势,从而取得更好的成果。这也有利于身心健康发展,因为在适合自己的领域中取得成就会让人感到自信和满足。

（七）学会自我心理调节

自我心理调节是指通过自己的认识、言语、思维等活动来调节和改善自己的心理状态,以达到保持和维护心理健康的过程。自我心理调节是自我心理保健的核心,大学生有意识地运用自我调节方法,可以有效地克服心理障碍、预防心理疾病。

（八）及时寻求心理咨询的帮助

过去很长一段时间内,人们对心理咨询的认识停留在心理疾病的治疗上。事实上,心理咨询通过咨询者与求询者的互动,运用心理学方法和技巧,帮助人们认识自己与社会,处理各种关系,逐渐改变与外界不和谐的思维、情感和反应方式,并学会与外界相适应的方法,提高工作效率,改善生活品质,以便更好地发挥人的内在潜力,实现自我价值。心理咨询的对象主要是正常人和有轻度心理障碍的人。有严重心理障碍的学生毕竟是少数,更多的学生面临成长与成才、情感与事业、日常生活事件的处理等问题,而这些问题并不构成心理疾病的主要方面,但又直接影响着学生的心理健康与大学生的健康成长。大学生在必要时求助于有丰富经验的心理咨询医生或长期从事心理咨询的专业人员和心理教师,获得心理咨询知识,有助于心理健康水平的提高。

二、家庭教育的优化

(一)情绪氛围的营造

家庭是一个人成长的重要环境,而家庭中的情绪氛围对于一个人的成长更是至关重要。家庭中的情绪氛围包含两个方面:语言环境和家庭氛围。

语言环境反映了家庭成员之间的沟通问题和态度。在一个良好的语言环境中,家庭成员之间的沟通是积极的,相互尊重和理解。家长对孩子的言传身教是非常重要的,如果家长能够以身作则,用积极的语言来表达自己的情感和态度,那么孩子也会从中获益。相反,如果家长总是使用消极的语言来表达自己的情感和态度,那么孩子就很容易学习到这种消极的沟通方式。

家庭氛围反映了家庭成员之间的和睦程度和相互喜爱程度。在一个良好的氛围中,家庭成员之间的关系是和睦的、相互喜爱的。这种氛围能够帮助大学生养成合作、互相帮助、坦诚待人、认真做事等素质,锻炼意志力,帮助应对逆境。不良的家庭氛围容易导致孩子产生消极的情绪和态度,影响到他们的情感和心理健康,甚至对未来的生活产生不良影响。

因此,家庭成员需要注重家庭情绪氛围的营造。家长应该用积极的语言和行动来传递正确的价值观和态度,营造良好的氛围,让孩子在健康的环境下成长和发展。

(二)父母要以身作则

父母不光是孩子最好的教师,也是最早的教师。父母对子女的影响往往体现在细节上,作为父母,言行不能下流粗鲁,要弘扬社会道德规范,维护集体利益,树立正面形象。不能在子女面前做一些不符合社会道德和法律规范的事情,比如赌博、吸毒、不务正业等。只有父母在子女面前树立好榜样,让子女在成长的同时向着好的方向前进,子女才能拥有一颗善良、积极向上的心,才会成为国家真正需要的栋梁之材,进而为祖国社会的发展做出更大的贡献。

（三）积极的民主互动

父母在教育孩子时最重要的手段是沟通，沟通的基础是平等，而平等体现为家庭民主。在一个家庭中，民主不应只是口号，而应该是立于家庭成员心中的一杆秤，无形地左右着家庭成员的行为。要真正做到平等，就要注意两方面：一是即使在平等的条件下，大学生也应该知道"长幼有序"。这就说明大学生要充分尊重长辈，在此基础上发表自己的看法，处理事情也要充分考虑长辈的意见和建议，不要一意孤行、任意妄为。二是父母要合理行使自己作为父母的权利，在不违反原则的情况下，尽可能地让大学生子女学会自主，保持独立的人格。在遇到一些事情时，父母要和子女一起仔细分析事情的原委、利弊，正确进行引导，才不会让子女产生逆反心理，取得好的互动教育效果。

三、高校教育的创新

（一）专业设置与调整

高校专业的改动和设置应当积极与国家和地区的社会发展接轨，满足科技创新、技术进步和学科发展的需求，同时也要考虑到普通大众对高等教育的需求。这样做既尊重人才培养规律和高等教育规律，又能够提供足够的硬件和软件条件来改善学科结构，打造有特色的学校，并提高大学生培养质量。

专业的设立应以素质教育为主要原则。我们应该让社会教育体制逐渐从过去的"供给导向"转变为"需求导向"，根据需求培养相关人才，避免造成人才浪费和大学生就业困难等问题。同时，大学应该被赋予一定的自主招生权和专业设立权，因为学校是直接面向招生市场的，最了解当地社会对什么样的人才需求。而教育部门则应在宏观层面上进行指导和控制，以避免学校在设立专业时视野狭窄。当学校拥有自主设立专业和控制招生规模的权力时，可以更快地接受社会反馈，及时调整和改变以符合社会发展的规律。例如，对于需求相对较少的专业，如特殊语种翻译，应根据社会需求适当减少招生名额，将教育资源更合理地分配给其他高需求的专业。只有这样才能体现素质教育的思想，提升学生素质，为社会更好地做出贡献。

（二）管理制度的更新

一个国家的高校教育代表着教育水平的高端层次,也反映了一个国家在教育方面的实力。然而,在当今社会,高校教育往往给人的印象是"教学内容过于专一,偏向专业,缺乏拓展性",这种情况对于大学生的发展并不利。因此,高校应更新教育管理制度,注重培养学生的实际能力。

首先,高校需要进一步改革学分制度,增加选修课程的学分和学时,提供更多的选修课程种类和数量,使每个学生都能选择自己感兴趣的课外内容,增加实践和锻炼的机会,培养学生的实际动手能力。其次,高校还应该放宽辅修的限制,让大学生在大学期间获得更多、更全面的知识,逐渐成为全面发展的高科技社会人才。最后,在教学过程中,导师应与学生经常沟通,跟踪学习效果,及时解决学生在学习生活中遇到的困难,帮助他们更好地掌握课程和专业的教学目标,真正地学到技能和知识。

（三）和谐校园的建立

大学校园是大学生们学习、生活和社交的主要场所。一个文明和谐的大学校园不仅可以提供良好的学习环境,还能丰富大学生的课余生活,促进学生全面发展。在一个和谐校园里,师生之间相互关系融洽和睦,学生之间互相友好,还包括与周围环境的和谐。换句话说,和谐校园需要在各个方面做到完善,没有哪个方面可以被忽视。

生活在和谐校园中的大学生通常具备良好的人际交往能力,并且在面对压力时有较好的应对能力,更容易形成良好的人格和培养自我价值感。研究表明,社会交往比较密切的人寿命相对较长,而社交联系相对较少的人则更容易生病和死亡。由此可见,建设一个和谐的大学校园,让师生能够在一个美好、和谐、积极的环境中进行交流和学习,建立起教师和同学之间亲密、信任、有效的沟通,形成良性的压力交换系统,让压力在交流中逐渐释放,培养师生乐观积极的人生观和价值观。通过共同努力建设一个美好、和谐、积极向上的大学校园,能够给大学生提供充分发挥自身优势的空间,为社会的发展作出贡献。

（四）辅导员素质的提升

大学辅导员在大学校园中扮演着非常重要的角色。他们不仅是大学生的教师,也是他们的朋友,有时候甚至可以像父母一样亲切。因此,辅导员的素质将直接影响到大学生的身心发展和健康。作为一名辅导员,首先需要具备良好的人际交往能力。有些大学生在遇到问题时会主动找辅导员寻求帮助,这时辅导员就要引导他们真诚沟通。同时,辅导员需要耐心地帮助大学生解决他们在学习、生活和情感方面的问题。

其次,辅导员需要具备一定的沟通技巧。作为辅导员,不仅要解决大学生主动寻求帮助的各种问题,更重要的是发现潜在问题。因为一些看似小的问题如果得不到及时解决,可能会逐渐积累形成大问题。辅导员还需要发现学生的优点和特长,同时提醒他们的不足之处,既要提高学生的自信心,又要避免他们过于自满。

再次,辅导员的价值观和人生观非常重要。辅导员与大学生的接触比较多,他们的行为举止都会潜移默化地影响大学生。辅导员应该充当好大学生的人生导师,教给他们合理思考和解决问题的态度,从更深层次给予他们积极引导和正面影响。因此,辅导员积极的价值观至关重要,他们不能教唆大学生做不正确的事情,否则会影响大学生的未来。

（五）心理健康工作队伍的建立

随着科技的发展,越来越多的人开始关注心理健康,特别是大学生的心理健康。随之而来的是高校心理咨询教师的普及,虽然这是一件好事,但一些不正规的活动也给学生带来了伤害。心理健康工作是一项专业性强的工作,尤其涉及心理咨询和治疗方面,高校应保证心理健康工作的质量。

成立一个合格的优秀的心理咨询团队是学校的责任和义务,也是对学生负责的体现。在选择心理工作者时,需要充分考量和评价。大学的心理工作者不仅需要具备扎实的专业知识和技能,还要有良好的人品,包括诚实守信、爱岗敬业等品质,以避免滥竽充数,确保他们在工作中正确引导大学生,不会给他们造成二次伤害。

在选择心理咨询师时,可以采用"四维导师制",即提供人生、综合专业、职场和生活四个方面的咨询。这有利于解决更广泛的问题,为学生提供全方位的帮助。

同时,由于心理学的特殊性和专业性,许多学校没有意识到设备对于心理学工作的重要性。心理咨询室、发泄室和沟通室等设施都是必不可少的。只有在软件和硬件方面兼顾,才能最有效地保障学生的心理健康。

四、社会环境引导大学生

（一）心理健康理念的更新

在现代社会，人们越来越意识到心理学的重要性和心理卫生在日常生活中的地位。然而，仍然有一些人对心理学存在误解和偏见。他们可能认为去找心理咨询师是一件丢面子的事情，只有精神病才会去找咨询师，并将咨询者与电影里的"变态狂"联系在一起。这些都是对心理健康的片面和狭隘的看法。

事实上，不论是从事白领工作，还是农民、企业家，每个人的心理都或多或少存在着一些问题。有些问题我们能意识到，有些意识不到，有些会影响到我们的正常生活秩序，而有些则可以由我们自己解决。在如今生活节奏加快的社会中，很多人的压力得不到有效的释放，导致一些违反社会行为规范的行为发生，这都是心理亚健康的体现。因此，当面临无法解决的压力和困扰时，应该抛开偏见，积极寻求心理工作者的帮助，以避免偏离正确的道路。

在现代社会中，新事物不断取代旧事物，所以我们的观念也应与时俱进，以免被历史抛弃。我们要积极修正对健康的陈旧观念。过去人们认为健康只是"身体棒"，后来才渐渐意识到健康不仅涉及身体健康，还包括心理健康和完好的社会适应能力。因此，当大学生面临心理问题时，应该主动与教导员、心理工作者进行沟通，而心理工作者也应积极给予帮助。同时，作为大学生，当同学或朋友面临困扰时，不应嘲笑他们，而是应多沟通，建议他们寻求心理工作者的帮助。心理工作者也应与时俱进，顺应时代潮流，改进方法，为大学生提供更好的帮助。

（二）核心价值观的培养

一个美好的社会应该实现公正、自由、平等和法治。自由体现人权和意志，在合理合法的范围内行使自由；平等强调法律制度对弱势群体的保护；公正意味着公平和正义，是自由的更高体现；法治则要求国家治理遵循法律为根本。作为人民群众，我们需要敬业、友善、爱国、诚信。通过将这些核心价值观融入日常生活和工作中，努力营造和谐环境，为大学生的健康成长奠定基础。大学生具有较高的可塑性，正处于身心发展的关键时期,需要用社会主义核心价值观引领,用马克思主义思想武装自己,树立建设祖国的伟大理想,将民族精神融入血脉,真正实现自身的核心价值。

社会主义核心价值观能够在广大劳动人民中流传和盛行,原因在于它与时俱进、实事求是。虽然我国的综合国力稳步上升得到了全世界的认可,但我们仍需戒骄戒躁,用质朴的中国心追求伟大的中国梦,这与坚持践行社会主义核心价值观是密不可分的。作为大学生,我们应将学到的知识应用于实践中,艰苦奋斗、敢于开拓,保持对真理的追求,努力展现个人的人生价值,为祖国和社会作出贡献。在和谐精神的指引下,发挥自己的智慧,在实现个人价值的同时,也促进了祖国的繁荣和发展。

(三)媒体的引导作用

随着社会的快速发展,越来越多的人开始使用大众媒体如互联网和社交媒体,来获取信息和传播观点。大众媒体的优点是灵活性强,传播速度快,范围广。然而,它也存在着一些缺点和潜在的危害。

为了充分利用大众媒体的积极作用并避免其负面影响,媒体应该具备较高的自律性,并确保传播的信息真实准确,还应该扮演社会舆论的方向指引者的角色。大众媒体有着强大的感染力和渗透力,对社会舆论具有重要的导向作用。因此,媒体需要合理引导社会舆论,避免不良事件的发生。

作为党和政府的宣传先锋队,大众媒体应该深刻理解党和国家的政策制度,在传播时合理解读,以有效协调和沟通党、国家和人民之间的关系。

同时,由于现代社会高度信息化,许多外国媒体也进入了大学生的视野。作为大学生,我们应该增强对信息的鉴别能力,不被一些外媒的偏见和错误观点所影响。我们应该通过丰富的知识来装备自己,与不良信息进行斗争,树立积极健康的人生观和价值观,合理利用媒体,避免受到不良信息的侵害。

第四章

大学生人文素养研究

第一节　人文素养教育概述

一、人文素养教育的内涵

人文是指人类在适应、改变和创造自然、社会以及思维过程中形成的各种社会文化现象。在中国古代，"人文"一词最早见于《周易》，意为与自然现象相对应的"礼乐教等文化"。在西方，"人文"一词最早起源于拉丁文 humanitas，表示通过教育和教化使人获得完整、高尚的人性，并强调人的尊严和权利，关注人的现实生活。

人文素养是指个体受到教育和社会环境的影响形成的相对稳定的人文方面的综合品质及行为表现。它包括具备人文知识、理解人文思想、掌握人文疗法、内化人文精神和践履人文行为五个方面内容。人文精神是人文素养的核心，主要体现在处理人与自然、社会及文化的关系时突出人是主体的原则，以人的各种需要的满足为最终诉求，强调人的价值高于物的价值，强调相互尊重和平等。

人文素养与人文知识是不同的概念。人文知识属于外在于人的东西，是可以量化的材料和工具，但人文素养需要让这些知识渗透于个体的思想和行为中，形成一贯的、稳定的人格和品质。人文素养在涉猎了文、史、哲等人文知识之后认识到，这些知识的终极关怀都是对人的关怀。人文素养培育就是以提高人文素养为主要目的的教育，通过知识传授、环境和自身的实践，使人们内化优秀的文化成果，形成相对稳定的内在品格。

高校大学生人文素养培育主要包括四个层面。首先是人文学科教育，涉及语言文学、历史、哲学、艺术、道德、思想和政治等方面的教育。其次是文化教育，特别是民族文化的教育，包括传统文化、民族精神和传统的教育，以促进个人和社会之间的相互认同。再次是人类意识教育，包括普世意义的基本伦理价值观和行为规范的教育。最后是精神修养的教育，包括精神境界、理想人格和信仰信念的培养。

二、对大学生进行人文素养培育的意义和作用

（一）是时代的要求和需要

我们生活在一个知识经济的时代，竞争异常激烈。因此，现代社会需要大学生具备更多的知识和全面的素质来适应快速发展的社会。

传统观念中，只拥有科学知识才被认为足以成为优秀人才。然而，事实上，单纯的科学知识已经远远不够了。新时代的大学生要有更高的文化素养和全面发展的品质，才能成为真正有利于未来社会发展的一流人才。

现代大学教育不能再仅仅注重职业教育，即学习专业知识和技能。它更应该关注培养学生的文化素质和文化品格，使他们成为全面发展的人。因此，我们必须改变"重科技、轻人文""重专业、轻教养"的教育观念。换句话说，大学生不仅要学好自己的专业，还要注重人文教育的培养，包括批判性思维、领导力、沟通能力、团队合作能力等方面的全面素质。只有这样，大学生才能成为全面发展的人才，为社会的进步和发展作出积极的贡献。

因此，高校要注重培养学生的文化素质和文化品格，并为他们提供更多的机会和平台来锻炼和发展自己。只有如此，我们才能培养出更多有能力、有品德、有创造力的未来人才，为社会的持续发展做出更大的贡献。

（二）是经济发展和社会进步的需要

有很多人认为，要搞好现代化建设，就需要有足够的资金和先进的技术，其他方面都是次要的，但实际上，现代化建设的关键在于人。人才的素质是现代化建设能否成功的决定性因素。现在很多人常说，能源和交通是经济建设的"瓶颈"，这是没错的，但从长远来看，对经济建设影响最大的瓶颈无疑是国民的文化素质和文化品格。无论是从经济体制和增长方式的根本性转变，还是从物质文明和精神文明共同进步、经济和社会协调发展来看，都需要教育努力提高国民的素质。特别是高等教育，它肩负着培养高层次、跨世纪、高素质专门人才的重要使命，更应该注重提高学生的全面素质，尤其是人文素养。我们所培养出来的学生，

他们的思想道德和科学文化素质如何,直接关系到 21 世纪中国的发展方向,关系到我国现代化建设战略目标能否实现,关系到我们国家和社会的未来。因此,我们必须注重教育,努力提高国民的素质,特别是人文素养。只有这样,我们才能在未来几十年中培养出具有优秀思想道德和科学文化素质的学生,实现现代化建设的目标,推动国家和社会的进步发展。

(三)是人才竞争的需要

现如今,世界各国之间的竞争主要体现在两个方面:一是经济、国防和科技上的竞争,二是人才及其素质上的竞争。在人才素质方面占据优势的国家将赢得国际竞争的主动权。因此,我国需要加快教育改革的步伐,更新对人才培养的观念,从青少年时期开始,注重培养人文素质,提高人们的综合素养,以适应新形势下的人才竞争需求。

知识经济时代意味着人们更加追求全面发展,而要实现人的全面而自由的发展,离不开人文素养的提高。人文素养的提高不仅是人的全面发展的内容,也是社会进步与发展的内容,同时也是人的专业能力和业务素质发展的必要条件。从某种意义上说,人的专业能力和业务素质只是人全面自由发展的前提条件,而人的人文素养,包括思想境界、精神情操、认识能力和文化修养等,才是人全面自由发展的标志。

换句话说,只有注重人文素质的培养,才能提高人们在专业领域的能力,并实现其全面而自由的发展。因此,我们需要以通识教育为基础,培养学生的思维能力、创造力和道德情操,使他们具备适应社会变革和国际竞争的能力。只有这样,我们才能培养出拥有优秀人文素养的人才,推动社会的进步和发展。

(四)帮助大学生塑造理想人格

人文素养教育注重培养学生的人道关怀、道德品格、审美情趣和全面发展。第一,人文素养教育涵盖了文学、历史、哲学、艺术等领域的知识。学习这些人文科目可以扩宽大学生的视野,培养他们对世界的深刻思考和理解,从而形成独特的思维方式和观察问题的能力。第二,人文素养教育注重培养学生的道德品质和伦理观念。通过思考伦理道德问题,大学生可以形成正确的价值观和行为准则,培养正直、诚信、负责任的品格,并在面对各种挑战时能够遵循伦理原则做出正确的抉择。第三,人文素养教育使大学生接触到不同文化背景、价值观念和社会制度。通过对文化的理解、欣赏和尊重,大学生可以拓宽自己的视野,培养交流与合作能力,并且更好地适应多元化的社会环境。第四,人文素养教育注重培养学生的情感表达能力和社交技巧。通过接触文学作品、艺术形式等,大学生可以提升自己的情感共鸣和表达能力,进而建立积极健康的人际关系,培养同理心和尊重他人的态度。综上所述,人文素养的培育对于大学生塑造理想人格具有重要的意义。它可以帮助大学生拓展思维、培养品格、提升情感表达能力,从而成为有理想、有道德、有智慧的优秀人才。

第二节　大学生人文素养培育的主要内容

一、传授人文知识

格物致知是教育的起点,而大学生人文素养的培育首先要以基础人文学科为基础,来传授人文知识,构建一个通用的人文知识系统。人文学科作为人类对于与人文领域相关的研究学科,它关注人类的精神和文化生活,帮助我们理解人生的价值,并直接影响着我们的人生观和价值观。

文学、历史、哲学三个学科被称为"文史哲",它们是人文学科的基础和经典学科。这主要是因为文史哲教育可以让人认识到人的本质,帮助人建立自身的价值体系。通过学习文学、历史和哲学,我们可以揭示并确立具有历史合理性的价值取向和理想追求,同时批判和解构过时的价值体系,建立一个符合特定时代和民族精神的新价值体系。

（一）文　学

文学是人们对自我和生命认知的艺术表达方式。它以独特的审美形式帮助人们更加直观、细腻、深刻地理解自我和世界,进而领悟人生的价值和生命的意义。与其他意识形态相比,文学主要通过两个特点反映人类。首先,文学是人类思想、意愿和情感的呈现,表达了人类内心世界。虽然文学也能忠实记录社会生活,但它更注重情感的表达。其次,文学以动人的形象反映人类丰富的思想和情感,不像哲学那样抽象观照,也不像历史学那样忠实再现,而是通过形象化的表达。

我们需要文学,因为文学是人类追求精神自由所必需的。文学教育本质上是审美教育和情感教育。通过文学进行审美教育,培养人的高尚情操和优美感情,无疑能够丰富和提高人生。如果一个人懂得艺术和审美,他的心灵就会更加开阔、柔软,更通情达理,更具人性。他超越了自身的局限,与古人和未来的人站在一起,因为美感是超越功利的,是可以相互理解的。在那一刻,超越了现实的限制,获得了精神上的自由。人生的境界本质上不取决于外部的物质、金钱或权力,而取决于内在的满足感和幸福度。追求高尚的境界是人类最美丽的文化现象之一,而一个人是否能达到内心和精神修养的高度,与艺术境界的熏陶密不可分。"艺术境界主于美",对美的追求根植于人的内心,在我们渴望摆脱功利干扰、进入自由、纯净审美世界,静观万物皆自得,在现实的此刻追求自由和幸福。从这个意义上说,艺术比宗教更加高尚。

(二)史 学

史学在人文和社会科学领域发挥着重要的作用。它研究人类如何创造历史活动以及历史的发展规律,致力于帮助人们认识和掌握历史发展的规律,并通过这种方式认识人类自身。史学也以整个人类社会的发展过程和规律为研究对象,因此其研究成果对其他学科具有广泛的借鉴作用。史学在许多学科的创建和发展中积累了丰富的思想资料,对其他学科的发展产生了影响和推动。

史学以研究过去的社会为起点,旨在服务于现代社会。学习历史对于大学生的理想、信念、道德和情操的培养具有重要意义。首先,学习历史能使人明智。史学具有比其他学科更为古老的历史,它源于人类自身的历史活动。通过学习历史,我们可以从中获得启示,为现代人的生活提供方向。其次,学习历史可以培养人的爱国情怀。通过学习历史知识,我们可以陶冶情操,提升精神境界,启迪智慧,激发热情,增强对社会和民族的自豪感和责任心。

学习历史的首要条件是具备正确的史识。为了获取史识,我们需要通过阅读历史书籍来获得。在阅读历史时,不要只局限于枯燥的历史事件和事实,而是通过故纸堆中看到当时人物和事物的活力,甚至进一步了解当时的精神气质。此外,学习历史更重要的是史鉴。学习历史并非仅仅是解释历史,而是将历史视为一面镜子,反思过去的对错,特别是要从历史中吸取教训,以避免重复错误。这就是所谓的前车之鉴。

（三）哲　学

哲学被称为"世界观理论",因为它处于所有学科的顶层,专注于研究形而上问题和终极命题。它揭示和说明了基于普遍联系的世界整体的本质。从马克思主义的观点来看,哲学是一种理论化、系统化的世界观,或者说是人们世界观的理论框架。

哲学不仅是一种世界观,同时也是一种方法论,即一种思维方式。世界观和思维方式是哲学的两个方面,因为任何世界观的产生都是为了实践需要,它必然在发展过程中转化为人们思考问题的理性工具,即一定的思维方式。哲学能够丰富人们的思想土壤。作为一种文化,哲学是最精致的部分,因为它站在较高的维度上,对各个具体学科进行反思、批判、抽象和概括,找出最本质的联系。哲学是所处时代人类文明的精华,是时代培育出来的灿烂成果。

哲学可以锻炼人们的思维能力。哲学提供了关于事物和现象本质和根源的知识。学习哲学可以帮助人们理解一般规律,从而更好地认识特殊规律,分析矛盾并解决问题。此外,哲学还能够解答现实生活中的困惑。在现实生活中,人们常常面临各种复杂的问题,容易迷失方向。哲学的价值在于,它涵盖了事物运动的一般规律,有助于我们理解特定现象,并分析矛盾、解决问题。哲学还能够提升人生的境界。它对个体的精神生活具有启发作用,可以扩展人们的人生观,提高人的精神境界。

二、启迪人文思想

（一）人与自我

对大学生来说,他们常常思考并困惑于为什么要活着、如何自我选择和自我实现以及如何面对成长中的烦恼和生存中的苦难等问题。

1. 正确认识自我和人生

我们每个人只有一次人生，所以我们对生命格外敬畏。而一个人最难认识的就是自己，然而，我们必须认识自己。正确认识自己并不容易，因为我们常常存在自我认知偏差，其中一些常见的自我认知偏差包括过度自我接受（自负）、过度自我拒绝（自卑）、虚荣心过强、过度自我中心和过度从众等。大学人文教育应帮助大学生克服这些自我认知偏差，树立正确的自我认知观。

2. 树立自己的人生信念

大学人文教育应教导年轻人真诚地追求有意义的人生道路，尽快树立属于自己的价值取向和人生目标，并开辟通往有意义人生的途径，积极地自我选择和努力地自我实现。

在这个世界上，每个人出生在不同的家庭、地区和环境中，每个人都会面临不同的机遇和挑战。但是，除了出身无法自己选择，其他一切都与自己的选择有关。在当今社会，机遇丰富，但是选择过多也会让人感到犯难，因此，自觉和自主地进行自我选择是实现人生目标的关键。

当然，对于每个人来说，实现人生目标的方式都不尽相同。有人追求物质财富，有人追求事业成功，有人追求家庭幸福，但是，自我实现的人最钟爱的是价值而非职业本身。他们在追求自己的目标时，也会注重自己的内心世界，注重自己的品德和人格。因此，自我实现不仅是一种职业选择，更是一种人生态度。

在追求自我实现的过程中，需要将谋生的职业、学有所成的专业和热爱的事业统一起来。当一个人能够找到自己的热爱，并将其融入自己的职业生涯中去时，他就能够实现自我价值的最大化。这样的人不仅能够获得物质上的收入，更能够获得精神上的满足和成就感。

3. 正确面对人生的苦难并进行自我调节

现在的大学生面临着比以往更大的压力，包括学习压力、经济压力、情感压力、工作压力和人际关系压力等。在这些压力面前，心理承受能力较差的学生往往表现出缺乏自信、焦虑、易怒、抑郁、冷漠，甚至嫉妒等极端情绪。随着生活节奏的加快和经济结构的变化，人与人之间的竞争也越来越激烈。各种心理疾病和障碍呈上升趋势，对人类的健康构成潜在威胁。大学人文教育应加强心理健康教育,让大学生明白仅仅没有疾病是对健康的最低要求,而更高的目标应该是追求积极的心态,锻炼承受压力和挫折的能力,积极安排自己的活动,并通过自我调节使自己的心理、精神和情感保持一体化。如此才能使人生更加丰富多彩,充满活力,并具备一定的文明意义。

（二）人与他人

在人与人之间的关系中,我们首先体验到的是个体的"自我"以及同样存在的"他者"。对于大学生来说,学会正确认识和处理人与人之间的关系非常重要。

处理自我与他人之间的关系,关键在于平衡自我与他人的利益关系,尊重他人的权益和集体利益。虽然利益主体之间难免存在矛盾,但要遵循社会公平原则和人道精神。对于人与人之间的理想关系,孔子精辟地总结为一个字:"仁"。拆开来看,"仁"就是"人与人"的意思,而"仁"字在《论语》中被广泛讨论,其中的基本原则就是"仁爱"的精神。孔子提出按照人性中的仁爱次序,由近及远,以实现个人与世界的和谐。儒家的"仁爱"思想旨在维护封建社会的政治伦理,是中国古代实现人性和人格的方法。在现代民主精神的指导下,我们更多地强调人道主义和利他精神。人们普遍认同每个人都应享有平等和自由的权利,在更高的层面上,追求他人和自己共同受益是一致的。

一直以来,大学生犯罪备受关注。一些涉及大学生的案件中展现出的无知、无情和目无法纪令人深感震惊。这更加提醒我们,教育的失败不仅是技术性的,更是精神性的。如果整个教育的精神氛围没有改变,那么技术上的纠正和个体的努力都是徒劳的,只有改变整个教育的精神氛围,才能真正实现人与人之间的和谐共处。

（三）人与社会

1. 人与国家

当谈到人与国家的关系时,我们经常谈论的价值观之一是爱国主义,而一个人对国家的认识始于家族和家乡。中国人有着浓厚的乡土情感。传统的爱国主义教育从乡土教育开始,从身边、脚下的土地开始,从祖先生活的土地开始。现代人最大的精神困惑在于自我迷失,也许最初、最根本的丧失就是与这种乡土教育相关联的缺失。某些所谓的"爱国主义"和"爱国主义教育"之所以流于口号,难以深入人心,是因为它们没有深入精神的"根"中,没有"乡愁",所以也无法产生"国恋"。①

国家和民族总是紧密相连的。中国正处于现代化转型的过程中,当代中国人都面临着如何面对历史和现实的故土,并将自己塑造成"现代国人"的问题。中国目前处于内部矛盾错综复杂的时期,面临着多重利益格局、多元社会结构和多元文化思潮的压力和矛盾。在这种情况下,保持国内的团结至关重要。现代中国需要有深厚的、优秀的民族文化底蕴的人才,他们能够以民族国家内部的经济利益、社会福利、政治民主、社会公平、法治和道德建设为己任,不断贡献自己的智慧和能力。特别是具有知识、财富、权力等资源的精英分子更应该意识到自己的社会责任,在公共事务和政策制定中运用社会责任感来平衡个人主义。

2. 人与世界

在当今全球化时代,每个人不仅是某个国家的公民,还是世界的公民。为了处理好全球化带来的挑战,我们需要遵循全球认同的行为规则体系,包括政治、经济、文化和司法等领域的双边、多边国际条约和国际惯例,以维护共同的文明道德面貌。

文化作为人类生存方式的表现,既有差异性又有共性,而文化差异背后的共性是建立在人类基本共性之上的,这是不同文化之间实现交流的基础。教育新时代的大学生应该尝试以全人类而非狭隘民族的眼光关注我们这个星球上发生的重大事件和国际难题,例如自然灾害、环境污染、资源枯竭、人权保障、大规模杀伤性武器扩散、人口增长对地球生态系统的压力、种族宗教冲突、能源问题、跨国犯罪等。

但需要注意的是,现在的全球化是以欧洲近代文明为起点,逐渐向全球辐射,逐步将世界纳入一个全人类认同的基本价值和行为规则体系中。中国文化是一种与西方文化迥然不同的文化类型,其古老性、早熟性、连续性和集体主义精神在西方世界看来充满神秘和浪漫色彩。然而,由于文化侵略等原因,社会中强势的集团把自己的价值偏好强加于社会,对文化个性产生重大影响。如今,不同文化之间的交流、融合和冲

---

① 张新标,冯彦波,陈石研.当代大学生素质教育理论与实践探究[M].长春:吉林大学出版社,2013:76.

突正在加剧,中华文化也在一定程度上受到贬低和排挤,甚至出现了淡化和消失的趋势。文化多样性是世界的财富和资源,只有尊重差异才能实现互补、合作和共赢。我们既不能墨守民族主义,也不能放弃民族价值观和文化地位。全球化时代要求我们遵循全球共同认同的行为规则,需要教育新时代的大学生以全人类的眼光关注全球重大问题。

(四)人与自然

人是地球大自然的一部分,我们永远都离不开自然。自然是我们生存和发展的基础,人类迄今所取得的文明成就,都是按照自然规律塑造人类自身,并回过头来改变和利用自然。在 21 世纪的教育中,我们应该关注人与自然的关系,特别是高等教育应该在人类拯救自己的命运中起到重要作用。教育应致力于调整人与自然的关系,为自己和子孙创造一个美好的未来。培养人文素养的教育应该教会大学生如何理解人与自然、人与宇宙的关系,如何处理小与大、短暂与永恒、单一与多样的矛盾,如何与大自然中的其他物种和谐共存,共同享受自然的恩赐,共同繁衍生长。关于人与自然的关系,大学生要树立以下三种观念。

1. 可持续发展的自然观

可持续发展是一个全球性的目标,强调人与自然的协调发展。它要求我们在经济、社会和环境三个方面平衡发展,以满足现代社会的需求,同时不损害未来世代的利益。为了实现可持续发展,需要进行自然观的转型,从人与自然的对立转向和谐。

在过去的几十年里,人们一直将自然视为资源的来源和垃圾的处理场。这种观念导致了人类对自然环境的破坏和失衡。为了摆脱这种消极的影响,我们需要转变自然观,重新认识和尊重自然。这意味着我们需要将自然视为我们的伙伴,而不是被动的资源仓库。我们需要学会如何与自然环境相处,以使我们的生活方式对环境造成的影响最小化。

大学生是未来社会的领导者和决策者,他们的观念和态度将直接影响到未来的发展方向。在学校里,大学生应该接受可持续发展的教育,了解什么是可持续发展,为什么它是必要的,以及如何实现可持续发展。同时,大学生应该将所学知识有机结合起来,了解和掌握自然规律。只有这样,他们才能在未来的工作中更好地应对环境问题,并制定更加可持续的发展方案。

2. 低碳生活的道德观

长期以来,人们对道德对象的界定过于狭窄,将道德仅局限于调整人与人、个人与社会之间关系的行为规范。这导致自然界没有获得应有的道德尊重和关怀,人们毫无顾忌地品尝野味,随意破坏所有生物赖以生存的环境,不仅破坏了自然环境和生态平衡,更使人类自身遭受反噬。现在是人类重新审视原有道德观念的时候了。

近年来,我们大力提倡低碳教育,称之为"低碳美德"。低碳美德实质上是一种节约的美德。现代经济学将物质消费分为满足需要的消费和满足欲求的消费,这是两种完全不同的消费方式。"需要"指的是人们为了生活必需而消费的东西,而"欲求"则是在满足需要之外,由不断追求各种心理满足(如优越感、满足感、攀比和炫耀等)而形成的需求。人的需求是有限且相对稳定的,而人的欲求是无限且不断变化的。人类过度追求不必要的欲望满足,直接导致资源枯竭、环境污染加剧,最终危及人类自身。

低碳经济主要有两个方面:低碳生产和低碳消费。尤其是后者,每个人都有责任。令人欣喜的是,在新的时代背景下,"低碳消费"已成为全新的生活观念和方式,受到年轻人的喜爱和追随。适度消费、简约主义成为时尚,这是时代的进步。低碳消费将人类的物质活动控制在一定限度内,既能满足人们的需求,又不对生态环境造成危害。例如,选择使用无污染或少污染且对人体健康有益的绿色食品;选择便捷的公共交通工具而非私人交通工具;减少使用一次性产品;多走楼梯少乘电梯等等。我们更呼吁人类不断提升自己的需求层次,将对物质欲望的无限追求转向对人类精神审美追求的无限追求。

3. 泛爱万物的哲学观

春秋战国时期的哲学家惠施提出了"泛爱万物"的理论,这一思想体现了"天人合一"的思想特色。这个观点在今天看来仍然非常先进。

我们所处的宇宙中存在着无数的事物,每个事物都有自己独特的属性和价值,就像没有两片完全相同的树叶一样。既然万物都是相同的,那么人类就应该平等对待每一种事物,不应该偏袒某些事物。

我们要真诚地关爱自己的同类,也要真诚地关爱其他人种,甚至关爱大自然中的动物和植物。为了共同生存的环境,我们需要更多人共同行动,保护动物、保护环境、保护地球。

三、培育人文精神

大学人文素养的培育应该从人的知情意的心理结构出发,建立一个融合求真、向善、尚美的人文精神系统,构建信仰的层面。人文精神是人类文化创造的价值和理想,表现为对人的尊严、价值和命运的维护、追求和关心。人文精神的核心是追求人类价值中的永恒主题——真、善、美。

高等教育的目标不仅在于让受教育者了解现实生活中人们的行为是怎样的,更重要的是让他们明白人们的行为应该是怎样的,以及人的理想是什么,人如何接近这种理想。人文教育不仅关注现实世界,还关注精神世界。它包含的不仅有"事实是什么",还有"事实应该是什么"。人文教育将现实行为放置在可能的、应该的、理想的世界中进行审视,用应该、理想的标准来评价行为的善恶,并以此来引导人的行为。这种对应该与事实、理想与现实的矛盾运动构成了人类的道德活动,推动着人类朝着真实、善良和美好的方向前进。它也促使每个个体不断完善自己、提升自己。

(一)求 真

人类生来一无所知,但又害怕无知,渴望了解真相,于是就有了教育。教育通过系统的知识传授帮助人们摆脱无知的恐惧,获取生存的力量。随着不断爬升教育的阶梯,我们获取的知识越多,离真理就越近,对真实的渴望也就越强烈。因为知识和真理是无限的,求知和追求真理的过程永无止境,到了高等教育阶段,求真几乎成了其使命。

布鲁·贝克在他的著作《高等教育哲学》中指出:"每一个较大规模的现代社会,无论它的政治、经济或宗教制度是什么类型的,都需要建立一个机构来传递深奥的知识,分析、批判现存的知识,并探索新的学问领域。换言之,凡是需要人们进行理智分析、鉴别、阐述或关注的地方,就会有大学。并非每个人都适合于这种训练的,而那些胜任这种训练的人必然能够发现这种训练,否则,社会所赖以取得的新的发现和明智判断的'涓细的智慧溪流'将会干涸。"[1] 这种传递和探索知识的内在动力正是大学追求真实的人文精神。

在追求真实时,需要提及的是求是精神和求实精神。

求是精神就是以科学的态度追求知识、追求真理。追求真理的可贵正是大学一直以来所倡导的宗旨,也是大学作为社会文明灯塔的核心体现。每个大学都需要在精神上树立对真理的尊重,这对大学生终身的行为和事业产生深远影响。

与求是精神一样,求实精神也被许多大学奉为校训。学术研究强调务实、追求实际,对于高等教育来说非常重要。然而近年来,这种优良学风在大学中有所削弱,让位于功利主义和浮躁的风气。这可能受到一些客观原因的影响,例如在评定职称和奖项时过于注重论文和著作的数量要求,而且职称和奖项与一定的物质利益直接挂钩,这种利益驱动有时候会导致人们不那么务实。此外,为了追逐名利,有些人不惜标新立异、哗众取宠,从而形成了浮躁的风气。这种急功近利和浮躁的风气与扎实做学问、追求真实的学术风气是绝对不相容的,必须坚决抵制。

（二）向　善

大学的真正使命是培养良好的社会公民并促进社会的和谐发展。高等教育的目标是人,而人是有道德感的,他们的生存不仅是事实判断的问题,更是价值判断的问题。从哲学的角度来看,后者才是真正体现人性,并且也更具挑战性。因为人们不仅追求生存,还追求有尊严、有意义的生活,力图过一种高尚的生活。教育作为一项人道主义事业,其价值不仅在于维持个体的生存活动,更在于使个体过更有意义、更高尚的生活。换句话说,大学教育不仅要追求真知,还要致力于塑造学生的品格。

大学应该加强道德教育。不仅要向学生传授系统的道德真理,更应该鼓励学生认真思考复杂的道德问题,以培养他们的道德意识。目前,道德教育面临最大的困难是缺乏现实的说服力。例如,我们告诉学生要诚信,不要抄袭,不要作弊,但现实生活中却存在着企业生产假货、教师学术不端、官员滥用权力和腐败等现象,这使得我们的道德教育显得苍

---

[1]　[美]约翰·S.布鲁贝克.高等教育哲学[M].王承绪等译.杭州:浙江教育出版社,1998:13.

白无力。当然,学校在进行道德教育的同时也面临着对社会道德的责任问题。大学要让学生相信自己的道德教育,就必须以身作则,自己必须承担起大学应该承担的道德责任。

教育要教导学生从"心存善念"到"行善举"。现代社会需要有责任感和参与意识的公民,但这种责任感和参与意识并不是与学生的智力水平同步增长的。我们要让学生尽可能地参与公共事务,采取多种方式扩大和改进社区服务项目,鼓励各类学生组织的发展,并在课外活动中运用民主程序,培养学生的公民意识和责任感。

（三）尚　美

如果我们说大学通过"求真"来满足人认知层次的需求,通过"向善"来满足人意志层次的需求,那么还需要通过"尚美"来满足人们情感层次的需求。情感作为一种独特的把握世界的方式,与人的认识相伴随。情感也是美好行为的内化和升华,与道德行为相互依存。和谐、美好、丰富的情感是培养创造力和灵感的温床,也是培养道德行为和崇高理想境界的肥沃土壤。

高等教育的目标是培养社会的高级人才或精英。而一个人被称为人才或精英,不仅意味着他拥有广博的学问,拥有知识的力量,也不仅意味着他具有高尚的道德品质,拥有人格的力量,还意味着他作为感性的个体,拥有审美情感的能力。审美教育培养了人的审美精神和审美能力,审美精神对于培养大学生的超然性、和谐性和创造性具有特殊的作用。

1. 超然性

高等教育要求教育者和受教育者超越功利的考虑,进行一种不追求短期利益的教育。这种教育方式比急功近利的教育效果更长远。审美教育有助于人们培养一种超越和净化欲望的人生态度。通过将事物的形象呈现给审美情感,用美的形象唤起人内心情感的共鸣,打开人的心灵,使人达到身心愉悦、忘记身外干扰的境界。审美教育培养的这种超越功利的人生态度与人生的理想目标、高尚追求相结合,提升了人生境界。如果以这种审美的人生态度对待生活和工作,将个人功利目的放松一些,抽离一些,那么就能专注于享受生活、投入工作本身的乐趣。这样做可以减少压力、烦恼和痛苦,并且会更加努力地追求并达到更高远的目标。

2. 和谐性

在审美活动中,由于审美对象的作用,我们产生了感知、情感、想象和理解等综合的心理反应。整个过程中,我们一直伴随着愉悦的情感。这种情感的愉悦与物质感官和欲望得到满足后产生的快感不同,也与理性追求实现时产生的精神愉悦不同。审美的愉悦摆脱了实用和功利的限制,超越了任何利害关系,进入了一种对对象无所求的快感境界,这是一种特殊的审美情感。一旦我们进入这个审美领域,我们的情感就会得到净化,我们的精神就会升华,我们的情操也会变得更高尚。

3. 创造性

美育对于创新性的发展具有重要作用。美育主要关注的是教育本身是否具备美的精神和形式。这包括三个方面的标准:教育内容是否能传达出人类历史和智慧的美;教育方法是否符合受教育者的审美心理需求;教育结果和目的是否有助于培养拥有美的内心和行为的自由个性。

要实现真正的美育,高等教育首先必须是个性化的教育,要友善地引导学生,尊重他们的个性,激发他们对美的兴趣,给予他们自由的发展空间。在今天更加强调培养创造力的时代,高等教育不能忽视美育,也不能忽视自身要具备"尚美"的品格。实际上,教育本身应该具备美育人的规定性。高等教育的所有活动不仅可以,而且应该贯穿美的形式,并取得美的效果,从而实现完整教育的目标。

四、塑造人格

(一)人格养成是教育的宗旨

大学阶段是一个人独特的成长阶段。在这个阶段,大学生的思想世界开始自觉地扩展和发展。他们开始思考自己从哪里来,将要去哪里,活着的意义是什么,如何过有意义的生活,以及如何实现自我价值。这些问题会不由自主地在大学生们的头脑中浮现出来。也许在中学阶段,由于学习的压力太大,他们没有时间认真思考这些问题,但是一旦进入大学,接触到更广泛的知识和社会的复杂性,他们开始提出深刻的疑问,并渴望得到答案。

如果是这样的话,我们可以说,这些大学生正在寻找属于自己的价值观,而人文素养培养正是帮助他们找到正确答案的指引。如果有些同学还没有进行过上述思考,那么作为大学的教育工作者,我们有责任营造这样的氛围,有效地引导学生对人生、未来和面临的世界进行自我意识的思考,帮助他们不被低俗的流行风尚牵着鼻子走,也不会在繁杂的时尚中迷失自己。

人文教育之所以受教育者学习的是"人学",不仅是因为通过人文学科的教育可以完善受教育者的知识结构,更重要的是通过传承人文精神,可以培养受教育者的心理素质和个性结构。

(二)加强对大学生的价值关怀

1. 人文素养培育帮助大学生建立正确的价值观

人文教育是一种精神文化和价值系统的传递,通过教授文学、历史、哲学等学科,可以帮助学生了解人类的文化遗产和智慧传承。这些知识和经验可以让学生更加深入地理解人类社会的本质和意义,理解人类所追求的目标和价值。

人文素养培育不仅是一种知识传授,更是一种指导学生在生活中作出价值判断和行为选择的方法。通过人文教育的学习和实践,学生可以建立起正确的人生观和价值观,形成自己的人格和思想体系,从而更好地应对各种挑战和机遇。

然而,现实生活中,一些错误的价值观会对大学生产生负面影响。比如,"宁可在宝马车里哭,不愿在自行车后笑",就是一种典型的拜金主义价值观。这种价值观认为,金钱和物质享受是人生的最高追求,而忽略了人活着真正的价值和意义。这种价值观会导致人们变得贪婪、自私和冷漠,对社会和他人失去责任感和同情心。因此,需要通过教育来纠正这种拜金主义的价值观,通过人文素养培育的方法,引导学生正确地理解人类社会的本质和意义,认识到人类追求的真正价值,从而建立起正确的人生观和价值观。

2. 人文素养培育促进大学生身、心与智的和谐发展

首先,人文素养培育能够提高大学生的情感素质和情商。通过接触人文知识,了解人类的历史、文化、价值观等,大学生可以培养对自己和他人的情感关怀,增强人际交往的能力,并能更好地处理情绪和应对挫折。

其次,人文素养培育能够拓宽大学生的思维广度和深度。通过学习文学、哲学、艺术等人文学科,大学生可以培养批判性思维、创造性思维和跨学科思维,从而拓宽自己的思维边界,培养独立思考和问题解决能力。

再次,人文素养培育能够促进大学生的人格塑造和价值观养成。人文知识传递着一种积极向上、崇高的人生态度和价值观,通过学习和思考人文内容,大学生能够形成积极的人格品质,树立正确的价值观,培养公民意识和社会责任感。

最后,人文素养培育能够激发大学生的创新能力和创造力。人文领域的知识和思维方式常常能够启迪大学生的创造力,培养他们的想象力、表达能力和创造性思维,在艺术、设计、文学等领域实现个人创新和创造。

3. 人文素养培育帮助大学生适应社会角色的需要

在现代社会中,大学生们需要适应不断变化的社会角色,而人文素养的培育则成了这个过程中的至关重要的一环,这就需要他们具备一定的角色学习能力。而要想真正做好角色学习,就需要建立正确的价值观。

在角色学习中,价值观的引导是非常关键的。因为不同的角色要求我们有不同的行为准则和思维方式,而这些准则和方式都是由我们内心的价值观所影响的。因此,我们必须通过适当的教育和引导,建立正确的价值观,从而能够更好地适应各种不同的社会角色。

此外,要想承担好社会角色,一个健全的人格也是必不可少的。只有当我们拥有一个健全而独立的人格时,才能够更好地适应各种不同的社会角色,并在其中发挥自己的作用。因此,我们必须注重人格的培养,努力发掘自己的潜能,从而为扮演不同的社会角色打下坚实的基础。

4.人文素养培育帮助大学生塑造精神家园

在当今社会,我们不仅要关注大学生的知识和技能,还要关注他们的精神世界。人文素养培育正是一个很好的方式来帮助大学生塑造精神家园。

首先,我们需要认识到精神世界对人的生存和发展来说非常重要。一个健康的精神状态可以帮助我们更好地面对困难和挑战,提高我们的生活质量和幸福感。而在大学生这个群体中,精神问题也越来越受到关注。他们面临着学业压力、人际关系问题以及未来发展的迷茫等困扰,因此,建立一个健康的精神家园是非常必要的。

其次,我们需要认识到科学教育可以对精神世界产生影响,但是不能建立价值观念和价值体系。科学教育可以帮助我们认识和理解世界,但是它并不能回答我们人生的意义和目的。这就需要我们通过人文素养培育来根植精神支持和信念。人文素养包括文学、哲学、历史和艺术等多个方面,这些内容的学习能够帮助我们构建自己的人生观和价值观,从而拥有一个更加健康的精神状态。

最后,人文素养培育可以帮助人们获得内心的安宁。在这个充满焦虑和压力的社会中,我们需要寻找一个能够给我们带来安宁和平静的精神家园。通过人文素养的学习和实践,我们可以培养出一种淡定从容的心态,更好地面对生活中的各种挑战和变化。

第三节　大学生人文素养培育的路径探索

一、强化人文素养培育的理念

(一)以立德树人为根本任务

在现代社会,大学时期被认为是培养人才的重要阶段,是培育和提升大学生人文素养的关键时期。因此,高校人文素养培育需要改革现有教育模式,明确"立德树人"的教育理念。

立德树人是对高校"用什么培养人"以及"培养什么人"的回答。

立德树人作为高校教育的核心理念,强调大学生的德性培养。德是才之基,教育以育人育德为本,才与德彼此依存。因此,高校人文素养培育需要立足于德育教育,注重大学生的德行培养。大学生需要具备崇高的道德修养、高雅的文化气质、健全的人格品质和深厚的人文精神。这些素质的培育需要在大学教育中得到重视。高校应该注重人文素养的培育,丰富人文教育的内容和形式。

为了实现高校人文素养培育的目标,需要在教育模式上进行改革。高校应该采用多元化的教育方式,注重学生的自主学习和思辨能力的培养。同时,大学教育也应该注重实践能力的培养,培养学生的社会责任感和创新精神。

（二）以"新发展理念"为指导

1. 坚持创新发展增强人文素养培育的动力

在大学中进行人文素养培育,要以当前的发展新阶段和构建发展新格局为基础,把创新作为其中心内容,进行理念、教学和内容的创新;将创新的机理和方法作为重点,加强对学生的理论知识的教育和对学生的实际技能的训练,丰富教学内容,改进教学方法,推动人文素养的培养方式的改革,使创新成为人文素养的教学中的一种常态。

2. 以协调发展凝聚人文素养培育的合力

大学生的人文素养培育是一项系统的工程,这意味着需要多方面的力量共同参与。作为主阵地的高校应该积极统筹各方面的资源,将人文素养融入课程教学、党政管理、制度建设、实践活动、校园文化的每一个细节之处。这样的全方位培养方式对于学生的素养提升将起到更加全面的促进作用。

隐性教育与显性教育的结合是培养大学生人文素养的关键之一,这种方式可以构建人人协同、课课协同、部部协同育人共同体。通过这种方式,可以让学生在课堂上、实践中、校园文化中全面提升自己的人文素养。除了高校的努力,社会也应该积极宣传正确的价值观,完善用人机制,主动更新人才观。这样可以创造更加适合人文素养发展的社会氛围,帮助大学生更好地发掘自己的潜力。在家庭教育方面,家长也要重视自我素养的提升,关注孩子的情感、人格及精神层面的教育,注重孩子的全面发展。这样可以让大学生在家庭环境中得到更好的支持,更好地发掘自己的人文素养。最后,大学生也要更新认知、加强自律、丰富实践,努力提升自己的人文素养。

3. 以开放发展拓宽人文素养的培育视野

在当今社会,高校要想立足于竞争激烈的教育市场,就必须不断提高自身的核心竞争力,而人文素养的培育则是提高核心竞争力的重要途径。因此,对内搞活、对外开放成为高校开展人文素养培育工作的必然选择。

（1）培育大学生的人文关怀与人文精神

高校建设的时代内涵是培育大学生的人文关怀与人文精神。这需要高校注重学生的情感教育,让学生具备社会责任感、同情心和爱心等品质。同时,高校也要注重学生的思想教育,让学生具备独立思考能力和批判思维能力。

（2）积极探索与人文社会学科的融合

要拓宽人文素养培育的视野,就需要积极探索与人文社会学科的融合。人文社会学科包括哲学、历史、社会学、政治学等,这些学科能够为学生提供更广泛的知识和更深入的思考。高校可以通过开设跨学科课程、组织学术研讨会等方式,推动人文社会学科与其他学科的交叉融合。

（3）开放学校教育的大门

要创建"大国工匠进校园"人文素养培育的育人新模式,就需要开放学校教育的大门。这意味着高校应该积极与社会各界合作,邀请企业家、专业技术人员等到校园进行交流和讲座,让学生了解社会的发展趋势、产业的要求和人才的需求。

（4）邀请相关管理人员到学校进行演讲

为了促进产教融合,强化人文素养培育的育人效果,高校应该邀请相关管理人员到学校进行演讲,传播企业文化与价值观。这可以让学生了解企业的文化和管理理念,增强学生的职业素养和企业意识,为学生未来的职业发展奠定基础。

4. 以共享发展明确人文素养培育的指向

共享经济已经成为当今社会的重要发展趋势,也成为国家实现全体人民共同富裕的助推器之一。在教育领域,共享资源的理念也逐渐被引入,以实现师生资源的共享和平等对话,同时转变传统人文素养培育中单向度的教学方式,推行交互式、问题式的教学方式。

在共享教育的理念下,教育者需要尊重学生的主体地位,充分发挥学生的主观能动性和创造性,通过互动交流,为学生提供更多的自主选择和主动学习的机会。同时,教育者也需要加强对大学生身心发展、兴趣爱好、价值诉求等方面的关注,夯实大学生获得感,提高学生的学习积极性和自我管理能力。

共享教育不仅有利于学生的个人成长,也有助于学生服务国家建设、社会进步、人民幸福的主体意识的增强。通过在教育中增强学生的社会责任感和公民意识,培养学生的爱国情怀和社会责任意识,使得学生能够更好地参与社会建设和发展。

二、推进人文素养培育课程体系改革

(一)建立专门的管理机构统筹规划

建立专门的管理机构,统筹规划,是保障学校管理工作顺利开展的重要前提。在学校内部,需要健全自上而下的领导管理保障体制,设立同级管理机构,实现分级管理,可以确保管理工作顺畅。各部门之间要分工明确、共同合作、相互监督,避免重复工作和矛盾冲突的发生。

为了提高管理水平,学校需要重视管理人员人文素养的提升,促进优秀管理团队的形成。管理人员不仅需要具备专业能力,还需要具备道德修养、情感管理、沟通能力等方面的素质。为学校的管理工作注入更多的人文色彩,增强其人文特色。只有这样,才能更好地和各方面进行协调,推进学校管理工作的顺利开展。

平衡学校的行政权力与学术权力,提高人文素养培育管理的质量,是学校管理工作的重要任务。学校的行政权力和学术权力需要平衡,避免因过分追求行政管理而忽视学术发展的重要性。

在探索人文素养培育管理新思路方面,学校需要不断尝试创新,形成独具人文特色的管理之路。例如,可以引入心理学、社会学等学科的理论和方法,为学校管理工作提供更多的思路和帮助。同时,学校也可以将学生的人文教育与管理工作相结合,为学生提供更加全面的教育服务。

（二）加大对人文素养培育课程的宣传

在当今社会,人文素养的重要性越来越被重视,而大学生作为未来社会的中坚力量,对于人文素养的培养更是必不可少。因此,学校应该加大人文素养培育课程的宣传力度,增强大学生对于这些课程的了解程度和喜爱程度。

为了达到这个目的,学校可以通过多种方式宣传人文素养培育课程。首先,可以建立专门的网站,向大学生详细介绍这些课程的内容、学习方法和培养的目的,让他们对于人文素养课程有一个全面的了解。其次,可以通过推送内容的方式,将有关人文素养培育的文章、视频等推送到大学生的手机上,让他们随时随地了解这些课程。此外,可以邀请学生分享他们在人文素养课程中的收获,让更多的学生了解到人文素养课程的重要性。还可以邀请教师介绍自己的授课经验和教学理念,让学生们更加深入地了解这些课程。

通过这些宣传方式,可以深化大学生对人文素养培育课程的认识,唤醒其自我主体意识,提高育人效果。大学生们会更加主动地投入人文素养课程中,认真学习,积极探索,不断提高自己的人文素养。这不仅有助于大学生个人的成长,也有助于建设更加和谐、文明的社会。因此,学校应该积极推广人文素养培育课程,让更多的学生了解其重要性,并加大对这些课程的宣传力度,为大学生的成长打下坚实的基础。

（三）加强人文素养培育课程建设

1. 适当增加人文素养培育课程的学时和人文素养培育必修课程

在现代社会,高等教育被认为是人才培养的重要途径,而高校的教学质量则关系人才培养的成败。因此,如何提高高校的教学质量成了一项重要的任务。在这个过程中,人文素养的培育尤为关键。

首先,要保证一定数量的课时,才能有一定的质量。这就要求高校要适度地增加大学生学习人文课程的基础时间,让他们有更多的机会接触人文课程,强化他们对人文素养培育的认识。这样可以更好地保障人文课程的教学效果,提高学生的学习成效。

其次,要提高人文素养培育课程的占比,并且形成系统有序的人文素养类课程体系。这意味着高校应该在课程设置上更加注重人文素养的培育，同时在课程内容和教学方法上更加注重人文素养的培育，使人文课程成为培养学生综合素质的重要途径。

最后，高校可以选取相关优质人文素养培育课程，将其纳入必修课程，优化选修与必修课程的安排，平衡大学生的课程设置，提高所占学分的比重，引起大学生的重视。这样可以促进学生对人文素养的认识和理解，增强他们的人文素养，为他们未来的成长和发展打下坚实的基础。

总之，高校应该重视人文素养的培育，不仅要注重课程设置和教学方法，还要加强必修课程的设置和学分比重的调整，以提高大学生对人文素养的认识和理解，促进他们的全面发展。

2. 在课程内容上追求相互渗透

在当前高等教育大力推行"素质教育"的背景下，应针对大学生的专业特点与学校的办学特色，探讨如何加强学科交叉融合、拓宽交叉融合内容，以及如何在人文素养培育中实现各学科之间的辐集聚焦，最终达到共赢发展的目标。

首先，我们需要考虑大学生的专业特点与学校的办学特色。大学生处于专业学习的阶段，拥有比较明确的学科倾向和兴趣爱好。而学校的办学特色则是指学校在教学、科研、社会服务等方面的独特特点和优势。在这个基础上，我们可以建立学科领域中更加密切的关系，实现"和而不同"、彼此促进的双赢效果。

其次，加强学科的交叉融合，拓宽交叉融合内容也是十分必要的。交叉融合是指不同学科之间的相互渗透和融合，形成新的学科领域。通过交叉融合，可以增强学科之间的互补性和协同性，打破学科壁垒，推动学科创新。在加强交叉融合的同时，还需要搭建交叉融合的课程内容，使得人文素养培育中学科交叉渠道拓宽。比如，可以开设"科技与人文""医学伦理"等课程，让学生在专业学习的同时接触到其他学科的知识和思想。

再次，打破不同学科之间的界限，最终使各学科与人文社科之间形成辐射聚焦也是十分重要的。在学科交叉融合的基础上，不同学科之间的辐射效应可以最大化地发挥。具体来说，可以以人文素养培育的视域来重新考察科学技术和专业课程，引领学生达到对专业课程、科学技术与实践更高层次的人文理解与认识。

通过以上措施的实施,可以很大程度上实现共赢发展。学生可以在跨学科的学习和研究中获得更广泛的知识和技能,提高综合素质和创新能力;学校可以在学科交叉融合的基础上推进学科发展,提高学校的学科声誉和竞争力。

3. 在课程数量上注重有的放矢

在大学人文素养培育课程的设置中,一些关键点需要引起我们的重视。

第一,我们不能盲目地增加课程数量,而应该选择适合大学生人文素养提升的核心课程。这些核心课程应该能够在学生的思维能力、人文素养等方面发挥积极的作用。

第二,在课程设置时,应该充分考虑学生的专业、年级、兴趣等因素,合理地、科学地安排课程,注重课程的深广度。这样可以更好地满足学生的需求,使他们在学习中更加感兴趣和具有参与感。

第三,盲目追求数量会使学生产生厌烦、抵触的情绪,从而影响到他们在提升人文素养方面的积极性。因此,在设置课程时,应该注重课程的质量,而不是简单地追求数量。

第四,结合学生的兴趣、学习与发展的需要,将比例设置得当,避免肤浅课程聚集形成"大杂烩"。这样可以使课程更加有针对性和实用性,帮助学生更好地提升自己的人文素养。

第五,课程设置既要选择基础性、前沿性的课程,也要开设精品课程,带领学生感悟课程的人文价值追求。这样可以增强学生的学习动力和兴趣,更好地发挥课程的作用。

总之,大学人文素养培育课程的设置需要注重质量、深广度、针对性和实用性,帮助他们更好地提升自己的人文素养。

4. 专业课程中要渗透人文元素

在高等教育中,针对专业课中的人文素养培育需要以精准性为原则,结合专业特征强化人文素养培育效果。

在专业课程讲授中,应全面渗透爱岗敬业、服务奉献、耐心专注意识的培育。这些素养不仅是学生在专业领域中必不可少的品质,更是其作为社会人所必须具备的基本素养。因此,教师应该通过课程设计和教学方法的选择,注重引导学生在专业学习的同时,更好地培养这些人文素养。

同时,专业课的教学应强化学生专业认同感的培养,引导学生明确通过本学科专业的学习,在国家发展战略中应承担的责任与该履行的义务,调动学生对本学科专业学习的主动性,培养学生的专业自豪感与荣辱感,强化学生科技报国的家国情怀与立责于心的担当精神。例如,在医学专业中,应注重培养学生的患者关怀意识、医疗安全意识等素养;在法学专业中,应注重培养学生的法律意识、公共利益意识等素养。

综上所述,专业课程中的人文素养培育是大学教育中不可或缺的一部分。教师应充分利用课程设计和教学方法,结合专业特征,精准地引导学生在专业领域中培养各种素养,以促进大学生综合素质的提高。

(四)改变人文课程的课堂教学模式

1. 改变人文课程的课堂氛围

传统人文课程的单向宣讲模式是许多大学课堂的常态,然而,这种单向宣讲的氛围无法真正地激发学生的参与意识,也难以让学生真正地融入人文氛围中。在建构主义的教学理念下,教师不再是单纯的知识传授者,而是应该成为学生与学习环境之间的调节者,帮助学生具备独立思考的能力,鼓励学生质疑和推断,并引导学生主动探索并建构问题框架。

积极的人文课堂氛围不仅能够帮助学生形成问题意识,发现并解决问题,更能够培养学生的自主思考、发现问题和解决问题的能力。在这样的课堂氛围中,大学生也能够更容易地融入进去,从而获得人文精神或人文素养的提升。

2. 改变教学方法

传统的人文课程教学方式,往往会让学生缺乏自我独立意识和主体意识,他们往往会被动地接受教师灌输的知识,而缺乏自我思考和探究的能力。这种教学方式的缺点就是缺乏灵活性和趣味性,让学生难以真正地理解和掌握人文知识。

为了改变这种不足,我们可以引入案例教学法。这种教学方式可以形成师生平等互动的空间和氛围,让学生在与教师的互动中获得更多的启示和灵感。同时,这种教学方式也可以让学生更加主动地参与到学习中来,从而让教与学变得更加灵动有趣。

在培育学生的人文素养方面,我们需要帮助学生构建起稳定的人文精神,并通过行为向外展现。这种素养的培育需要从学生的内心开始,让他们在学习中获得真正的收获。例如,案例教学法可以促进大学生获得智慧,通过吸引他们参与到案例讨论中来调动他们的积极性,促进对人文知识的深刻理解和掌握。

人文课程的教学目的是知识获得、能力提升和价值塑造。通过引入案例教学法,我们可以让学生更加深入地理解和掌握人文知识,让他们获得更多的启示和灵感,从而让教学变得更加有趣和灵活。同时,我们也可以通过培育学生的人文素养,让他们更好地展现自己的价值和能力,为未来的成长打下更加坚实的基础。

(五)注重开设人文素养培育实践课程

要想培养出具有良好人文素养的大学生,需要付诸实践。

第一,人文知识是知,人文精神是行,只有知行合一才能形成人文素养。大学生在学习人文课程的同时,需要更多地关注实践,将所学的知识应用到实际生活中。例如,学生可以参与到帮扶活动和支教等公益活动中,通过亲身经历去感受生活的不易,从而更好地理解人文精神的真谛。在这些实践活动中,学生们可以学习如何与人沟通、如何处理复杂的情况,从而培养出更好的人际交往能力。

第二,加强校企合作中的实践学习,让学生在真实的工作情境下实现知识的内化和能力的锻炼。企业与学校要在企业文化和人文素养的培养上寻找共同点,强化爱国利民、爱岗敬业、守法诚信的企业文化构建。通过校企合作,学生们可以深入了解企业的运作模式,学习企业文化,并且在实践中逐渐形成自己的职业素养。

第三,学校可以聘请高级管理人才到校园开展企业文化建设专题讲座,提升人文素养培育的水平和质量。通过这些讲座,学生可以了解当今社会的企业文化发展趋势,并学习如何在实践中将人文素养应用到职业生涯中去。

第四,在"实践—理论—实践—理论"的螺旋上升的认识深化过程中,提升大学生的实践能力,升华其思想与精神境界。在实践中不断地反思与总结,可以让学生不断地提高自己的能力,不断地提升自己的人文素养。

三、加强人文素养培育师资队伍建设

（一）壮大人文素养培育的师资队伍

在当前高等教育中，人文社科课程扮演着不可或缺的角色。然而，由于部分院校人文社科师资队伍比例较低，难以满足学生的需求，高校人文素养培育的实施也受到了师资不足的阻碍。为了解决这一问题，学校可以通过多种方式来增加师资队伍。首先，可以通过专业招聘和外聘优秀教师来解决师资不足的问题。这些教师可以为学生提供专业知识和实践经验，增强他们的综合素养。其次，学校可以与其他大学进行校际合作，实现教师的互聘和学分互认。这样，学校可以从其他大学引进一些优秀的教师，提高师资队伍的质量和水平。

除了以上两种方式，学校还可以考虑增加聘用名额和提高福利待遇，以缓解高校人文社科类教师匮乏的困难，为学生提供更好的教育资源。

（二）重视教师队伍人文素养的提升

1. 提升人文社科类教师的人文素养

人文社科类教师要转变狭隘的"专业"发展观，树立全人发展意识，积极探索知识背后的意义与价值，将实践能力培养与文化素养有机融合，用工匠精神要求自己，不断提高自身工作能力。这样可以让专业教师更好地把握教育的全局，更好地为学生提供全面的教育服务。

除了传授知识，人文社科类教师还应主动研究更高效的教学方法、更切合的教学内容和更合适的教学工具，鼓励学生思考问题，启发学生的灵感，培养学生的创造力。只有这样，才能强化学生的认知内驱力，才能让学生在未来的社会中更加适应和成长。教师应该关注学生的需求，从学生的角度出发，为学生提供更加贴近实际、更加有趣的教学内容，帮助学生更好地理解和掌握知识。

2. 制定人文素养培育计划，加强对专业课教师的校内培训

对于学校来说，如何提高专业教师的人文素养，让他们能够更好地培养学生的全面发展，是一个亟待解决的问题。

为了加强专业教师的人文素养,学校可以采取多种措施。

首先,可以举办人文教育培训和讲座,鼓励专业课教师跨学科代课,让专业课教师也参与到人文教育中。

其次,学校可以对专业教师进行校内培训,培养他们终身学习的意识,使其自觉地通过广纳人文知识来充实自己的知识结构,促进人文素养的提升。通过这样的培训,专业教师可以更好地认识到人文素养的重要性,从而更好地为学生提供教育服务。

最后,学校可以将师德师风、知识结构、语言表达等方面作为专业课教师教学评价的重要内容,通过教学满意度测评来引导专业课教师注重专业知识和技能的同时,也要重视自身人文素养的提升。这样可以让专业教师更好地了解自己的不足之处,并努力改进,提高自己的教育水平。

四、构建更富人文氛围的校园文化

人是环境的产物,人处在什么样的环境中,就会受到什么样的熏陶和涵养,校园育人环境无形中影响着学生的精神世界,因此学校要重视校园育人环境的建设,将人文素养培育贯穿于整个校园中。高校应积极利用校园环境营造人文效应,开展形式多样的校园文化活动,促进学生人文素养的提升。

（一）利用校园环境营造人文效应

在校园建设中,精神文化是至关重要的一环。精神文化通常被称为软文化,主要体现在校风、学风和大学精神中。这些特质是每所学校独有的,是学校文化的核心所在。通过校园活动,学校可以向学生灌输这些价值观念,让他们对学校文化有更深刻的理解。

除了精神文化外,物质文化也是校园中不可或缺的一部分。物质文化通常被称为硬文化,包括教学楼、食堂、实验楼等建筑,以及标语、路牌、警示模块、评比栏模块、名人名言、灯箱语录牌和匾牌等隐性素材。这些硬文化元素虽然看似不起眼,但在校园文化中扮演着重要的角色。这些元素呈现出来的校园氛围和形象,会影响到学生和教职员工的情感和态度。

除了硬文化,网络、广播、橱窗、绿化带和背景音乐等也可以作为人文文化的载体。这些元素的主要作用在于为校园营造出更加和谐、自然、舒适的环境。校园网络可以为学生提供更加便捷和快速的通信工具,广播可以播放校园新闻和音乐,橱窗可以展示学生作品和成果,绿化带背景音乐则可以让学生在校园内感受到更多的自然气息。

在建设校园物质文化时,要注重细节,让每一个地方都充满故事。比如,在校园的走廊里,可以挂上学生的成果,或是展示学校的历史和文化,让学生在走廊上感受到学校文化的独特魅力。在教学楼中,可以设置专门的休息区,让学生在休息的同时可以欣赏校园文化的展示。这些细节可以让学生更加深入地了解学校文化,并为学生的学习和生活带来更多的乐趣。

(二)开展形式多样的校园文化活动

1. 基于专业特色开展社团活动

在高校校园中,社团是大学生展示自我、开展兴趣爱好、提升综合素质的重要平台。高校社团不仅为大学生提供了丰富多彩的业余生活,而且也为他们提供了发展机会。

为了更好地满足学生的需求,高校鼓励学生创立个性化社团,培养学生的人文情怀和兴趣爱好。这些社团不仅服务于个人的成长,而且也为学校树立了丰富多彩、多元化的形象。

高校重视人和社团的双赢发展,加强合作与交流。学生们在社团中不仅能够展开自己的才华和兴趣,还可以通过社团与其他学生进行交流、合作,拓宽自己的视野。

高校社团还发挥人文素养培育的感召力和凝聚力,开展形式多样的文化活动。这些活动不仅丰富了学生的业余生活,而且也让他们在文化交流中学习到更多的知识和技能。

为了不断提升社团层次,高校应积极成立公益型社团和人文科技型社团,培养学生的服务意识和奉献精神。通过这些社团的建立和发展,学生们不仅能够更好地服务社会,而且也能够在服务中提升自己的综合素质。

2. 组织形式多样的体育和艺术活动

大学生身心健康和文化修养是大学教育的重要目标,而体育和艺术活动则是实现这一目标的重要途径。学校应该积极组织各种形式的体育活动,包括运动会、篮球比赛、足球比赛等,以鼓励学生积极参与,提高身心素质和团队协作能力。

除了体育活动,学校还应该组织适用于节日的文化活动。这些活动可以丰富学生的文化生活,增强他们对传统文化的认知和理解。例如,学校可以组织春节晚会,邀请学生表演节目,展示自己的才华和创意。这样的活动不仅可以提高学生的文化素养,也可以增强学生的自信心和表达能力。

艺术教育在高校人文教育中不可替代,学校应该拓宽平台和探索新内容和方式。艺术教育涵盖了音乐、舞蹈、戏剧、美术等多种形式,可以开发学生的想象力和创造力,增强学生的审美能力和文化修养。因此,学校应该积极开展各种艺术活动,例如音乐会、话剧展演、美术展等,以激发学生的艺术潜能,培养他们的审美意识和文化品位。

组织各种形式的体育和艺术活动可以培养学生的形象思维和直觉思维,促进创新意识的萌发。体育和艺术活动都需要学生具备创新精神和创造力,因此可以通过这些活动来培养学生的创新意识和创造力,让他们学会从不同角度思考问题,提高解决问题的能力。

体育和艺术活动可以让学生深刻认识艺术领域中的民族文化成就,培养优秀人才。通过参与各种文化活动,学生可以了解和体验不同地区和不同民族的文化,增强文化自信和民族自豪感。同时,学校也可以通过这些活动来发掘和培养艺术人才,为社会培养更多的文化精英和艺术人才。

3. 开展内容丰富的学术活动

在高校中,讲座是一种常见的教育形式,它不仅是学生拓宽学术视野和提升文化修养的重要途径,也是学术交流和人文关怀的重要平台。学生能够通过参与讲座来听到各种各样的声音和观点,从而拓展自己的思维和理解。讲座不仅是一种传递知识的方式,更是一种启迪灵魂的方式。学生可以通过讲座感受到大家的风范和能量,从而激发自己的求知欲和热情。

开展讲座需要拥有高尚的科学修养和深厚的人文修养的学者。只有这样的学者才能够为学生提供高质量的学术和文化营养。高校可以积极聘请相关领域的专家、学者举办不同主题的讲座,从而为学生提供多样性的学术和文化体验。这些讲座不仅可以帮助学生拓宽学术研究视野,还可以提升学生的文化修养和人文素养。除了讲座,高校还可以定期开展学术交流会、座谈会、研究成果展示会、学术文化节等活动,促进学术研究中的人文关怀与人文思考。这些活动不仅可以帮助学生了解最新的学术研究成果,还可以促进学生的人文思考和关怀。这些活动可以为学生提供一个平台,让学生在学术和文化的交流中成长和进步。

第五章

大学生信息素养研究

第一节　信息素养概述

一、信息素养的含义

信息素养也可以称为信息素质,最早是由美国专家保罗·车可斯基(Paul Zurkowski)提出的。在保罗·车可斯基看来,信息素养是人们运用信息的能力,在学习和工作中自然而然获得的。经过培训以后,他们就能够不断提升自己的素养。保罗还认为信息素养水平是以人们占有、处理信息并且用它解决问题的能力作为标志的。[①] 经过 5 年的研究,美国人又更新了信息的定义,认为信息是人们掌握和处理问题的源头,具备信息素养的人就是那些能够用其解决问题的人。在 20 世纪 80 年代,信息素养的含义进一步丰富,将个体看待信息的态度融入了进去。

确切来讲,信息素养应该被称作信息文化,其本质是一种全球信息化的体现,而这种全球信息化在客观上要求人们具备相关的能力,信息素养正是这样一种能力。

首先,信息素养时代要求下的人所应该具备的一种能力,它在客观上要求人们适应这个信息时代,因而是一种对信息社会的适应能力。在美国,教育技术 CEO 论坛对 21 世纪人们所应该具备的几种主要素质进行了罗列。其中包括基本学习技能(指读、写、算)、信息素养、创新思维能力、人际交往与合作精神、实践能力。其中,明确将信息素养列入在内,而信息素养又涉及信息的意识、信息的能力和信息的应用。

其次,信息素养对多个方面的知识有涉及,它是一种综合能力,对许多知识能力都有所涵盖,它比较特殊,而且涵盖的面也非常广。它与许多因素有联系,而且涉及多个学科。通常,信息素养的背后是由信息素养支撑的,但是通晓信息技术就是对相关的信息技术有一定的了解,同时能够充分认识这项技术,并能够很好地操作使用。而信息素养的重点是内容、传播、分析。因而可以说,信息素养是一种信息能力,信息技术

---

①　燕今伟,刘霞.信息素养教程 [M].武汉:武汉大学出版社,2008:1.

是它的一种工具。

二、信息素养的特征

（一）信息素养的层次性

信息素养的层次性是指人们对信息技术应用的掌握程度和要求的不同层次。根据与信息技术的相关性大小，可以将信息素养划分为以下几个层次。

1.普通人的信息素养

现代社会是一个信息社会，每个人都需要具备一定的基本信息素养，以适应社会的发展和进步。这包括了对信息技术的基本了解、对信息的获取和处理能力以及对信息使用规则的认识等。

2.高校学生的信息素养

高校通过改革课程与课件，结合多媒体应用，培养学生的信息能力和对信息技术的兴趣，让他们在进入信息社会后具备良好的信息基础和素养。

3.专业人员的信息素养

这类人群需要对信息技术的工作原理有明确的理解，在特定领域熟练掌握某种类型的软件，并了解其功能和作用。这一点非常重要，因为只有对信息技术的工作原理有深入的理解，才能更好地应用信息技术解决实际问题。

4.研究人员的信息素养

这一层次相对更专业，针对信息系统的设计与研发者。他们对信息的意识强烈，信息产权与安全意识明确，具备较高的信息伦理素养和严格的信息能力要求。

不同层次的信息素养要求和能力水平不同，从基础的信息了解到专业的信息应用和研究，每个层次都有各自的特点和需求。人们可以根据自己的需求和兴趣，提升自己在信息技术方面的素养。

（二）信息素养的普及性

在现代社会,信息素养已经成为人们必备的基本素养之一,它已经不再是一个简单的概念,而是成了不可或缺的一部分。因此,拥有一定的信息素养对于个人和社会都具有非常重要的意义。

第一,在当今的新经济时代,信息技术已经成为各个领域不可或缺的一部分。信息素养对于大学生来说已经成为经济发展过程中的主体部分。具备良好的信息素养能够开发和利用信息资源,创造效益。

第二,信息技术的快速发展对社会产生了深远影响。人们对信息财富的意识逐渐增强,能够合理开发和利用信息资源,推动社会的发展和变革。

第三,随着信息技术的进步,知识载体也发生了变化。二进制方式存储的比特成为主要的知识承载形式,其传播速度和范围也大幅提升,人们能够更快地获取知识和信息。

第四,信息素养的获取途径多样化,可以通过学校的教育系统、培训课程或自学来提升自身的信息素养水平。通过掌握信息技术的基本知识与技能,人们可以更好地利用和应对日常生活中的信息。

总而言之,信息素养在现实生活中广泛存在,并且已经成为一种基本素养。拥有良好的信息素养能够帮助人们适应并发展在信息社会中的各个方面,从经济到教育,对现代生活起着重要的作用。

（三）信息素养的操作性

信息素养的操作性可以通过理论与实际相结合来体现。

第一,实践与体验相结合:通过大量的信息实践活动,人们可以提高和加强对信息素养的能力。在操作过程中,将信息简化和转换,深入认识和灵活运用,以达到深刻的认识和熟练的记忆,使其成为个人能力的一部分。

第二,操作与理论结合:信息意识和能力的提升需要将操作和理论实践相结合的方法。将信息的操作与理论实践完美融合,通过操作来掌握信息的准确性和有效性,以提升信息素养的能力。结合操作和理论实践的方法,能够从信息知识到情感,再到能力和道德等方面全面提升信息素养。

第三,评价与操作使用相结合:信息的操作和使用体现了对信息素养的评价。人们的信息意识和操作能力的强弱程度具有必然联系。只有达到一定水平的信息操作能力,才能在信息的海洋中游刃有余地探索和利用。一个人的信息素养能力可以从信息操作能力和对信息知识的掌握程度中得以衡量。

总之,信息素养不仅包括获取信息的能力,还包括对信息进行评价的能力。只有掌握信息的操作和使用技能,才能对信息进行评价,从而提高信息素养能力。

（四）信息素养的发展性

随着信息技术的发展,人们的信息素养也随之提高,向着更高、更深层次的发展,是信息素养的发展性的体现。

一方面,现如今无论是科技、经济还是人文的发展都十分迅猛。与此同时信息技术也在向前迈进,虽然兴起时间并不长,但它的发展速度却是十分迅速的。它经历了从最早期的电子管计算机通过不断的努力发展到晶体管计算机,电子计算机的发展不可谓不快,因为在不久之后大规模集成电路计算机也问世了。这些都是信息技术飞速发展的结果。信息技术是迅猛的发展,对于信息素养的要求也随着信息社会的发展水涨船高,从最早期只是进行简单的计算机系统的操作,到后期对信息素养的各个方面进行研究,能力与技术一同发展。

第二节　大学生信息素养培育的作用与意义

一、大学生信息素养培育的重要作用

（一）信息素养培育为大学生获取终身学习能力奠定基础

在社会信息化和知识经济时代,大学生需要具备终身学习的能力。因为知识的传递快速且折旧迅速,人们所掌握的知识和技能优势会很快消失。在学校教育中获得的知识只占人生所需知识的一小部分,剩下的大部分需要通过工作中不断学习来获取。因此,学习成了人类生存的一种方式。

要适应这种情况,人们必须不断接受教育,学会终身学习,不断更新自己的知识结构,发挥潜能,这样才能解决知识增长快、更新周期短与人的学校教育时间有限之间的矛盾,以满足社会和时代发展的需求。

大学生要学会生存的本领,首先要具备自我学习的能力。这包括在不同的社会环境下敏锐地捕捉所需信息的能力,并主动、有效地检索和吸收信息的能力。因此,高校对大学生进行信息素养培育的目的就是赋予他们自我获取信息和自我学习的能力。通过教育和培育,大学生能够掌握信息获取的方法和技巧,学会有效地利用互联网等工具进行信息检索和分析,以及筛选有价值的知识。这样的培育将为大学生在日后的工作中打下终身学习的基础。他们能够不断自我进步,不断学习新知识和技能,以适应社会的发展和变化,为个人的职业发展提供更大的机会和可能性。

（二）信息素养培育是大学生创新能力发展的实践训练

在信息社会中,创新能力的发展需要人们学会获取、识别、分析和利用信息资源等一系列方法。为了培养大学生的创新能力,加强他们的信息素养培育是非常重要的。

通过信息素养培育,大学生可以学习如何处理信息、创新思维等方面的知识和技能。他们能够学会收集和利用相关资料和信息,在研究性学习和创新活动中进行全面的信息批判和分析。通过及时了解和掌握相关研究现状和发展方向,他们能够避免走弯路,最终取得突破性的创新成果。

因此,信息素养培育对于培养大学生的创新精神和创新能力起着至关重要的作用。它不仅帮助他们充分利用信息资源,还能促进他们的创新思维和创造力的发展。通过信息素养培育,大学生能够更好地适应信息社会的需求,为未来的职业发展和社会创新作好准备。

（三）信息素养培育是增强大学生竞争能力的重要途径

在当今世界,知识经济的发展对知识信息的积累和利用有着直接的依赖。信息技术的发展给各国之间带来了激烈的竞争,那些在知识和信息领域处于领先地位的国家具有更强的竞争力,并有可能占据未来的主导地位。因此,如何提升大学生的竞争能力,成为具备综合素质的人才,信息素养的培育就变得非常重要。

作为未来的主力军,当代大学生需要具备良好的信息素养,以应对竞争激烈的社会环境。信息素养的培育可以帮助他们掌握信息的运用能力,并在知识和信息的获取、处理和利用方面具备优势。通过信息素养的培育,大学生能够更加高效地利用各类信息资源,获得更准确、全面的知识和信息。这样,他们就能在各个方面具备竞争力,并能够更好地适应并应对不断变化和快速发展的社会需求。

（四）信息素养培育是大学生法律道德教育的重要内容

在信息时代,网络为大学生提供了丰富的学习和交流机会,但同时也存在一些负面内容,如反动、色情和暴力等,这就给大学生的法律和道德教育带来了新的挑战。因此,信息素养培育成了大学生法律道德教育的重要内容。

通过信息素养培育,大学生可以学习正确的信息道德观,了解知识产权相关的法律法规,如著作权法和专利法,并增强信息安全意识。他们需要充分理解信息技术对社会的正面和负面影响,并认识到个人对社会的责任。只有这样,他们才能遵守相关的法律法规,并以正确的信息道德准则来规范自己的信息行为。

信息素养培育不仅帮助大学生认识到信息社会中法律和道德的重要性,也提醒他们要注意个人信息的保护和隐私权利的尊重。大学生需要具备正确的判断力和决策能力,区分真伪信息,避免受到虚假信息的误导。同时,他们还要遵守网络行为的规范,不参与恶意攻击和侵犯他人权益的行为。

二、大学生信息素养培育的意义

（一）信息时代发展的现实要求

随着信息技术的迅猛发展,人类社会正在逐步进入网络化和信息化的时代。在这个时代,信息成为推动社会发展的重要资源,也是无法离开的要素。信息的存在对社会、经济和科技发展起着重要的推动作用。在这个被称为"知识爆炸"的时代中,人们在学习、工作、生活和科学研究中面临着大量信息选择的问题。常常通过图书馆、网络、媒体和社会等渠道获得各种信息,而这些信息通常以文字、图像、音视频、数字等形式呈现,它们数量庞大且未经过滤筛选,给人们选择和理解信息带来了一定困难。信息具有不确定性,并且可以无限扩展。如果信息数量激增,人们并不会自动提升有效利用信息的能力。因此,准确快速地获取所需信息、有效地分析评价和应用信息能力,成为人们在信息时代必备的生存技能。

在信息时代,传统的高等教育也发生了一定的变革。信息时代的高等教育与过去的高等教育存在很大差异。传统的高等教育主要以教师讲授和学生学习为主,教学方式主要是面对面的。而在信息时代,教学方式可以不再局限于传统的面对面教学,可以通过网络教学、远程教学等多种方式来实现。学生的学习也变得更加自主。因此,信息素养成为学生在现代教育模式中必须具备的基本品质和能力。

在高校中,开展信息素养的培育是时代发展的必然要求。这意味着大学需要积极推动信息素养教育,培养学生的信息获取、分析、评价和应用能力,提高他们在信息时代的适应能力。这也有助于适应信息时代高等教育的改变,并促进学生的综合素质和职业发展。

（二）信息素养培育是大学生自身必备和终身学习的需要

在信息时代,知识和信息的更新速度极快,而传统的课堂学习所获取的基础知识很容易过时。因此,大学生在校期间不能仅仅局限于课堂学习,而应该从课堂之外的世界中寻找更多的知识和信息。他们需要开阔自己的视野,了解书本之外的知识,不断探索生活的其他领域。

大学生应该具备敏锐的触角,积极挖掘各种课外信息,并学会筛选和吸收有益的内容。他们应该熟练地掌握和运用现代化的知识和信息,提高自己的实践操作能力。只有这样,才能在知识爆炸的时代中不断提升自己,增强自身的竞争力,在激烈的竞争中立于不败之地。

正因为如此,我国的高等教育越来越重视信息素养的培育,将其置于重要的位置。大学教育不仅注重传授知识,更注重培养学生的自主学习能力和信息处理能力。这样的教育理念使得学生从仅仅"学会知识"转变为"会学知识",提高了学生的综合素质。信息素养教育使得学生能够更好地辨别和筛选信息,进一步提高他们对信息的敏感度和理解能力。

信息素养培育不仅是大学生在校期间所需要的,更是一种终身学习的需要。在快速发展的信息社会中,学生需要终身学习和不断适应新知识和技术的能力。信息素养的培育为学生打下了坚实的基础,使他们具备了自主学习和信息利用的能力,并能够不断提升自己的综合素养。这样的能力将成为学生终身学习、自我发展和适应社会发展的重要保障。

(三)创新能力培养的需要

在当今社会,创新能力成了众多企业和机构最为看重的一个能力。创新能力培养对学生来说非常重要。为了培养学生的创新能力,首先要让学生学会主动思考和独立自主地进行研究、探索、讨论和交流。这需要给学生创造一个宽松的学习环境,同时他们也需要具备较高的信息素养。

拥有较强的信息素养意味着学生能够更好地获取、评估和利用信息。当学生具备较高的信息素养时,他们可以更好地自主设计学习的内容和方式,更加灵活地进行独立思考,并在与教师和同学的交流中提出自己的想法。通过交流,他们可以获取更多的信息,进一步提高自己的能力和水平。

以科研为例,当大学生从学校毕业进入科研工作时,良好的信息素养将极大地帮助他们及时了解国内外最新的专业研究动态和科研成果。他们可以与国内外的专家学者和同行进行交流,从而合理制定自己的研究计划和科研进程,避免重复研究,并产生更多具有原创性的科研成果。

第三节　大学生信息素养培育的主要内容

一、信息意识培育

信息意识是指人们对信息的重视和积极占有的意识。培养信息意识是培养学生对待信息的态度和观念,让他们具备对信息的高度敏感性和积极主动性。拥有良好的信息意识意味着学生能够关注自己的专业学科,了解交叉学科,善于发现最新的动态,并且对所需信息具有敏锐性。

高校在培养大学生的信息意识方面扮演着重要的角色。他们需要通过教育引导学生重视信息，提高他们对信息的需求和注意力。同时，需要培养学生良好的观察习惯，使他们关注专业领域和跨学科知识。通过培养学生的信息敏锐性，他们能够更好地抓住有价值的信息，并将其运用于学习和研究中。

培养信息意识不仅是培养学生的信息素养，也是培养创新人才的重要内容。拥有强烈的信息意识的学生更容易获取新知识、发现新问题和解决新挑战。在迅速变化和竞争激烈的社会中，拥有信息意识的人将更具竞争力和适应能力。

二、信息知识培育

信息知识是指关于信息的基础知识和技能，包括信息理论、信息技术和信息系统等方面的知识。信息知识对于学生来说非常重要，它是培养学生信息能力和信息素质的基础。

虽然大学生已经具有较高的文化素质，但很多人还缺乏基本的信息知识。因此，信息素质教育要教给学生关于信息的理论知识，让他们了解信息的性质、信息化的影响以及分析、处理和优化信息的方法与原则，同时，学生也需要学习和掌握现代信息技术的知识。

大学生的信息知识教育主要包括加强信息理论知识、信息技术知识和信息系统知识的教育。特别是要加强信息科学知识的教育，让学生对信息的性质和信息化社会有一定的认识和理解。同时，学生也需要学习和掌握现代信息技术知识，了解信息技术的原理、作用、特点、优势以及未来的发展趋势。

三、信息能力培育

（一）信息认知能力

信息认知能力是现代社会中不可或缺的一种能力，它是获取和处理信息的开端，具备良好的信息认识能力可以在信息的质与量关系上有好的把握。一个人若具备优秀的信息认知能力，就能更好地理解所接收到的信息,从而更快速、更准确地进行决策和行动。

（二）信息获取能力

信息获取能力是指利用一定的信息技术,及时、有效地获取相关信息。信息获取能力可分为信息接收、收集、检索和索取能力。信息接收能力是指通过各种渠道接收到的信息,包括视觉、听觉、触觉等。收集信息是指有目的地搜集、整理和保存信息。检索能力是指在各种信息资源中,快速找到所需的信息的能力。索取能力则是指主动向信息提供者获取所需要的信息。

（三）信息处理能力

信息处理能力是对获取的信息进行判断、整理,使之有序化、专业化,通过去伪存真、去粗取精,获得真正有效的信息,再综合自身原有信息与选定信息进行整理,使信息有序化、系统化。信息处理能力的好坏直接影响到后续的信息利用能力。[①] 信息处理能力强的人能够更好地理解和应用信息,从而更好地为自己服务、为他人服务。

（四）信息利用能力

信息利用能力是将认知、获取、处理的信息进行有效利用,应用于实践,并创造出新的知识和新的信息内容,使信息价值得以实现。信息利用能力是信息素养的最高层次,在现代社会中,信息利用能力是非常重要的能力,因为它能够推动社会的发展,并创造更多的价值。

四、信息道德培育

信息道德是指在信息产生、传播和使用过程中,人们应遵守的道德规范。它是通过法律法规确立的人们在处理信息时的责任和义务。信息道德教育的目的是引导大学生遵守相关法律法规,秉持健康、正面的价值观与道德准则,规范自己的行为,主动抵制有害信息。拥有良好的信息道德素养对于推动信息化社会的有序发展非常重要。

信息道德的核心是保护个人隐私、尊重知识产权、抵制虚假信息、遵

---

① 谭逸立.信息素质教育[M].北京：人民邮电出版社,2015：14.

守信息安全规定等。在信息的生产、传播和使用中，人们应该尊重他人的隐私，不侵犯他人的个人信息。同时，也要尊重他人的知识产权，不进行盗版、剽窃等违法行为。此外，还应该抵制和拒绝传播虚假信息，避免造成不良影响。同时，要遵守信息安全规定，保护自己和他人的信息安全。

良好的信息道德素养是推动信息化社会健康有序运行的重要保障。只有每个人都能够自觉遵守信息道德规范，才能保护个人和社会的利益，维护信息的真实性和可靠性。信息道德不仅是每个人的责任，也是整个社会共同维护的基础。

（一）信息道德的特点

第一，信息道德自发形成：信息道德是依靠社会舆论和个人内心信念形成的，它存在于人们的意识中，并由个人自主选择遵守。

第二，信息道德无特定制定者：信息道德不依赖于特定的机构或组织来管理和制定，它是通过社会舆论和个人内心设定的道德规范来执行和约束。

第三，信息道德作用广泛：信息道德涵盖了信息活动的多个层次和社会生活的多个领域，例如信息发布、传播、使用等方面。

第四，信息道德的多功能性：信息道德在引导人们对信息行为的认知、调节各种信息活动关系方面发挥着教育和规范的作用。它能够引导人们形成正确的信息意识，影响并规范人们的信息行为。

（二）信息道德的要求

在组织和利用信息时，应遵循的信息道德要求如下。

第一，个人信息活动与社会整体目标一致，承担相应的社会责任与义务。

第二，遵循信息法律与法规，提高对信息的判断和评价能力，自觉抵制不良信息行为。

第三，尊重知识产权，保守信息秘密，尊重个人信息隐私，增强信息安全意识，正确处理信息创造、服务、使用三者之间的关系。

第四，合理使用与开发信息技术，不利用信息技术进行犯罪活动，准确合理地使用信息资源。

第四节 大学生信息素养培育的措施

一、加强高校信息素养的基础建设

（一）加大信息基础设施的投入

高校信息化的建设需要充足的信息基础设施投入。为此,高校应该提升网络普及化程度,使高校成为一个多媒体校园。这意味着购买并安装网络化多媒体设施,改变传统的课程与课件教学方式,采用多媒体教学方式,以提高学生的信息素养。同时,高校也应该完善信息共享机制,建设知识共享和信息共享平台,利用现代化的信息技术来建设信息基础设施。只有为学生提供便利条件,减少他们在其他方面花费的精力,才能更好地提升学生的信息素养水平。

高校的信息素质教育部门需要对各种教育资源进行整合,并建立共享机制。通过整合和共享开发的资源,推动高校教育向信息化迈进,将教学打造成精品课堂。学生们在课程中应学会运用资源和信息。在学术方面,高校可以整合师生的科研成果,结合科研成果和学术教育,丰富高校的教育资源,积极推动精品课堂学习和科研项目学习。同时,应完善高校的信息、知识和科研成果共享机制的平台,建立高校信息化、科学化的教学创新模式,推进高校信息基础设施的建设。

这样的投入和建设将有助于提升高校大学生的信息素养水平,使他们在信息运用方面具备更好的能力。信息基础设施的投入是高校信息化发展的关键,也是培养学生信息素养的重要保障。

（二）加强图书馆信息化建设

图书馆是学校的重要资源和文化遗产,承载着丰富的信息和知识。为了加强图书馆的信息化建设,可从以下两个方面入手。

首先,需要持续加大对传统图书馆基础设施的建设。这包括扩大图书馆的规模,增加图书收藏量,提高图书馆的利用率。投资建设更多的图书馆场馆,提供充足的阅览空间和设施,并进一步完善图书分类、标注及检索系统,便于读者快速找到所需图书。同时,加强馆内的环境整治和管理,提供舒适的学习和阅读氛围,让图书馆成为学生喜欢光顾的场所。

其次,要大力发展数字化图书馆。数字化图书馆是将图书、期刊、文献等资源数字化保存和传播,提供在线访问的平台。通过建设高性能的数字图书馆,加强网络及服务系统,可以实现图书馆资源的远程访问和共享。此外,还应建设和改进多媒体阅览室,配置多媒体设备和工具,方便学生获取多样化的学习资料和资源。

二、进行信息素养课程改革

信息素养课程需要改革的不仅是文献检索与文献计量的课程,同时还包括让高校的信息素养课程与其他学科相结合进行教学。

(一)改革文献检索课

在国外的许多高校,有专门的课程来培养学生的信息素养。与国外相比,我国高校信息素养教育还有一定的不足。目前,我国大部分高校的信息素养培养主要通过一些文献检索、信息分析和信息学应用的课程开展,并且通过对我国高校文献检索课程的整理和分析,发现目前仍存在一些问题。首先,在课程设置上存在不合理的情况,教育内容过于简单。这导致了该课程在教育教学中未能发挥应有的作用,无法有效地培养学生的信息素养。因此,为了推动信息素养教育向更好的方向发展,我国高校需要对文献检索课程进行改革。

高校应该考虑将课程设置按照信息素养培养的要求进行调整,使其更加符合学生的实际需求。课程内容可以更加多样化和深入,涵盖文献检索的基本知识和技能,同时加入信息素养的相关内涵,培养学生的信息评价、利用和应用能力等方面的素养。同时,也需要采用更加灵活、互动和实践性的教学方法,通过小组讨论、案例分析等形式,激发学生的积极性和主动性,提高他们在信息素养方面的学习效果。

这样的改革将让文献检索课程朝着信息素养培养的方向迈进,更好地为学生提供全面的信息素养教育。同时,还有助于学生在搜索、评估和利用信息方面具备更强的能力,以适应未来社会的信息化需求。

(二)信息素养与其他学科相结合

在高校教育中,将信息素养与其他学科相结合是非常重要的,这可以通过以下途径实现。

首先,教学管理条例可以增加信息素养与其他学科相结合的要求。在制定教学计划和要求时,学校可以明确要求教师将信息素养融入各个学科的教学中。这包括在授课过程中引导学生了解相关领域的权威著作、期刊和数据库等信息资源,并引导学生评估和利用这些信息资源进行独立学习和研究。

其次,在实践教学环节中也可以加强信息素养与其他学科的结合。例如,可以设计一些项目、案例或实验,要求学生从不同信息源获取材料和数据,并运用信息素养的知识和技能来分析、解释和解决问题。这样做可以让学生更加深入地理解学科知识,并通过实践培养信息素养。

同时,教师需要在课堂上对信息素养进行引导和讲解。他们可以向学生介绍该领域的权威专家、前沿课题和最新科研成果,指导学生如何获取和评估这些信息,并如何将其应用到学科学习和实践中。通过与其他学科的结合,学生们可以更好地理解信息素养的重要性,并将其应用到实际生活和专业学习中。

三、发挥大学生自身在信息素养培养中的能动作用

(一)增强大学生自我约束能力

大学生应该加强自我约束能力,这样可以更好地控制情绪,使他们能够全身心地投入充实而丰富的生活和学习中去。自我约束能力的发展也是意志力的表现。我们可以通过向榜样人物学习,建立榜样的目标,学习他们的杰出事迹,从中找到人生前行的方向。在闲暇时间积极参加社团活动和公益活动,坚持磨炼自己的意志和品质,从而提高面对各种不良信息时抵制的能力。

当面临诱惑或者各种不良信息的时候,应该时刻提醒自己要坚守原则,保持清醒的头脑。我们可以设立一些具体的目标,并付诸实践努力去实现这些目标,这样可以帮助我们更好地控制自己的情绪和行为。同

时,要学会自我管理,合理安排时间和精力,将重要的事情优先考虑,以避免被琐碎的事情所干扰。

此外,参与社团活动和公益活动对于培养自我约束能力也非常有帮助。通过积极参与,我们可以锻炼自己的协作能力、责任感和纪律性,同时也能够认识到个人行为对他人和社会的影响。这些活动不仅可以帮助我们建立正面的价值观和品质,还能够拓宽我们的视野,培养人际交往和领导能力。

(二)增强大学生学习自主性

大学生应该加强学习自主性,特别是对于信息能力的学习自主性。自主学习能够培养学生独立探索和独立研究的能力。通过自主学习,大学生能够更加敏锐地把握信息,发现他人所未发现的问题,并通过信息分析来解决问题。从一开始需要教师的引导,逐渐减少到最终能够独立自主地运用信息,这样可以锻炼大学生独立自主应用信息的能力。

同时,大学生需要将学习的信息能力转化为实际生活中的实践和应用。在当今快速发展的信息时代,信息已经渗透到我们的生活中,我们随时都在接收外界信息。因此,关键是学会如何从海量信息中提取对自己有用、有效的信息。这体现了大学生具备的信息综合能力。

要加强学习自主性,大学生应该学以致用,将所学的信息能力应用到实际生活中去。这包括学会利用信息资源进行自主学习,寻找适合自己的学习方法和策略。同时,也要善于利用信息技术工具和平台,从多个渠道收集信息并进行整合和分析。通过实践和应用,大学生可以提高自己的信息综合能力,更好地适应和应对快速变化的社会环境。

四、提高教师信息素养,发挥学校作用

高校教师的信息素养水平对培养学生的信息素养至关重要。只有高校教师具备良好的信息素养水平,才能够培养出合格的学生。我们常说"名师出高徒",这是因为教师的信息素养水平与学生的信息素养能力息息相关。通过向学生传授教学理念和知识体系,高校教师可以帮助学生提高个人学识和信息素养,并发展他们在信息方面的技能,从而培养大学生的信息素养。因此,提升高校教师的教学水平和信息素养教育能力是非常重要的。

为了实现高校教育的信息化,我们首先需要对高校教师进行培训,让他们学习有关信息素养的教育,并与最新的信息素养教育体系保持同步。只有高校教师的信息素养能力得到提升,才能将信息素养教育应用于教学中。同时,高校教师还需要转变教育观念,从根本上培养学生的信息素养。我们应该引导学生进行信息素质教育,并为他们提供有利的环境,全面地服务于学生的信息素养提升。

此外,加强高校教师的信息安全和信息道德也非常重要。教师的信息道德水平是衡量其信息水平是否过关的重要标准之一。作为教育学生的关键角色,高校教师不仅要起到榜样的作用,更要以身作则,遵守信息道德。在享受信息技术带来的乐趣的同时,我们不能忘记要遵循道德规范,不能侵犯他人的隐私和知识产权,更不能传播不良信息。应该遵循道德规范,保持良好的信息行为,自觉地保护自己的合法信息。高校应该建立信息伦理道德管理体系,严格控制信息技术的应用,以确保信息传播和流通的文明健康。同时,要加强教师信息素养管理,增强教师对信息安全的意识。

第六章

大学生网络素养研究

第一节　网络素养概述

一、网络素养的概念

　　"网络素养"的概念源于"媒介素养"的概念,而"媒介素养"的概念源于"Media Literacy"这一概念。美国传媒素质研究中心于2003年给出了"媒介素养"一词的权威性诠释:"为获取、分析、评估和创作各种形态的信息提供一个框架,为媒介在社会中的角色提供一种理解,也为民主社会中的公民提供其所必需的质疑和表达的基本技能。"[①]媒介素养是以社会中的资讯媒体为基础,逐步发展起来的一种观念。媒介素养的内容也是不断变化的。就像以前,大家都是通过报纸来获得消息,而现在,新媒体已经是最主要的消息来源。对于媒体所传递的信息,人与人之间存在显著差异,使用媒体所要求的技巧也有很大的差异。而网络素养,就是在互联网背景下,人们拥有的一种媒介素养,它也被称作"网络媒介素养",它既传承了过去媒体素质的基本含义,又保留着互联网自身与传统媒体不同的特征。由于当今网络社会的快速发展,网络素养的定义必然也会发生变化,这也直接造成了目前学界对其尚未形成一个一致的定义,但是大部分的学者都认为,它的含义起码包含了要具备基本的网络知识;知道怎样操作网络媒体,并且在操作网络媒体的过程中能够自主思考,正确辨别网络信息,最后实现利用网络工具为自己所用。在结合国内外学者对网络素质的界定以及新时代网络发展趋势的基础上,本书将网络素质界定为:在对网络有一定的认识,对网络法律有较深入的认识的前提下,能够在信息纷繁的网络中,有效地获取网络信息、科学操作网络信息、合理传播网络信息,从而实现满足自身网络需求的网络行为,并且在这一网络行为中,能够自觉地遵循网络道德的要求,为构建良好的互联网环境负起责任。

---

① 　宋晨伟.新时代大学生网络素养培育研究[D].吉林农业大学,2021.

二、大学生网络素养的概念

对于大学生而言,网络是他们学习、交流、娱乐的主要渠道,因此,越来越凸显大学生网络素养的重要性。

大学生网络素养可以被定义为在掌握网络相关技术知识的基础上,可以合理利用网络为自身服务的一种能力,在这过程中产生的与网络相互作用的素养。大学生需要具备一定的网络素养,才能更好地适应社会变化,满足自身的学习和生活需求。

伴随互联网的发展,大学生的网络认知更加前卫,网络操作更加灵活并具有创新意识,但其网络自我约束能力、网络安全意识、网络道德与法律、良性网络生态建设责任感较为缺失。因此,大学生应该积极提升自己的网络素养,培养自我约束能力,树立正确的网络安全意识,遵守网络道德与法律,承担良性网络生态建设责任。

大学生网络素养的提升需要结合实际情况,注重理论与实践相结合,积极探索适合自己的网络学习方式,加强网络素养的培养和实践。通过加强网络素养的培养,大学生将能够更好地利用网络资源,提高学习和生活的质量,更好地适应社会的发展和变化。

第二节　大学生网络素养培育的意义

网络多元和多变的表达形式符合大学生追求自由、乐于表现的性格特点,各种网络平台、门户网站都成了帮助大学生看世界、闯世界,实现全面发展、表达个人理念、实现个人理想的重要途径,开展网络素养教育对于大学生、高校教学和网络生态发展都具有重要意义。

一、有利于大学生形成高水平网络素养

(一)网络素养培育有助于培养大学生健康用网

随着互联网的普及,大学生已经成为最活跃的网络使用者之一,所以,网络素养教育对于大学生来说显得尤为重要。这种教育不仅能够帮助大学生培养健康的上网习惯,还能够帮助他们更好地利用网络资源。网络对大学生的作用是多方面的,包括获取知识、休闲娱乐等。然而,过度沉迷和心态不健康往往成为大学生偏离原本上网目的的原因,这些行为不仅会影响他们的学习和生活,还会对心理造成不良影响。因此,健康用网变得尤为重要。健康用网意味着更健康的上网时间和更高质量的知识获取。

为了实现健康用网,大学生需要设定目标和规划时间。他们应该清楚地知道自己上网的目的,并且根据目的安排相应的时间。此外,他们还应该学会有效地获取知识和信息,避免在网络上过度浏览和浪费时间。

在大学生网络素养教育中,学校和家庭都扮演着重要角色。学校可以开展相关的课程和活动,帮助大学生了解网络的基本知识和安全问题。家庭则可以在日常生活中与孩子沟通,促进孩子健康上网的习惯。总之,大学生网络素养教育对于培养健康用网至关重要。只有通过健康用网,才能更好地让网络为自己所用,为自己的学习和生活带来更多的收益。

(二)网络素养培育有助于培养大学生形成正确网络价值观

通过网络素养教育,大学生能够学会辨别真假信息,同时树立正确的网络世界观和价值观。在与网络的交互中,大学生可以塑造他们自己的个性,接受新的想法和认知。由于大学生经常上网,他们很容易根据接收到的信息形成或改变自己的价值观念。随着社交网络的飞速发展,社会事件对大学生的影响也更加深远。因此,网络素养教育有助于培养大学生完善网络意识和价值判断能力,提高自我认知能力,增强对网络信息的理解能力和辩证思维能力,提升网络沟通能力和道德修养。这些能力帮助大学生在面对不断变化的网络世界时,以正确的价值导向为准

则,做出正确的回应。只有通过形成高水平的网络道德素养和网络安全素养,以正确的网络价值观为实践的指导,大学生才能时刻牢记网络道德和行为礼仪,找到自己的定位,虚心学习并提升自己。在网络社交活动中,他们能与他人进行文明健康的交流,正确认识自己的能力,实现自身的人才价值。

(三)网络素养培育有助于培养大学生高效用网能力

网络素养教育旨在帮助大学生适应网络时代全面融入社会交往和日常生活的趋势,培养他们具备创新思维和综合素质的网络时代人才。网络已经成为大学生获取信息的重要渠道,在他们的学习和生活中起到关键作用。因此,具备高效的用网能力对大学生而言非常重要。

大学生通过网络获取时事信息、表达意见、进行科研等活动,然而他们也很容易受到网络信息的影响而改变自己的观点。为了帮助大学生适应海量网络信息的冲击,网络素养教育需要提升大学生的用网能力,充分发挥网络技术的优势。通过网络素养教育,大学生的网络技能可以不断完善和丰富,他们能够熟练地在各种网络平台上搜索信息、获取知识,并展示自己的才华。网络平台为大学生提供了充实自我、学习和展示的机会和平台,丰富了他们从校园之外获取经验的空间。

此外,大学生通过网络互动、问答等方式可以锻炼学识、发现自身不足,并通过他人的评价更全面地认识自己,明确自己的能力和定位。这种"探索—互动—学习"的过程可以增强大学生的自信心,更好地认识自我,并在自我评价的基础上进行自我提升,实现个性化发展和优中取精的目标。

二、有利于健全高校德育教育体系

(一)有利于构建高校全员全程全方位育人模式

网络素养教育是高校德育的一部分。全员、全程、全方位育人是相互促进、有机统一的整体,这一理念已经成为高校育人的重要方向,而网络素养能力的提升则是实现这一理念的重要手段之一。

"全员"意味着育人主体不仅是教师,还包括大学生自身和其他网络用户。我们需要发动社会各界力量参与育人,并确保育人队伍不断增加和补充。在大学生网络素养教育中，不仅需要教师的指导，也需要大学生自身的参与和其他网络用户的支持。

"全程"意味着育人过程要贯穿学生成长发展的整个阶段，并坚持显性教育和隐性教育的统一。在大学生网络素养教育中，教育应该贯穿于课堂教育和网络实践的全过程，并建立高校网络素养教育协同教育机制。

"全方位"意味着育人维度要贯穿校内校外、线上线下。我们应该推动网络社会资源参与高校育人，发挥网络在育人过程中的独特优势。同时，我们鼓励大学生将网络素养教育所学应用到实际中，促进学习和实践的结合。

网络素养教育是针对提升大学生的网络认知、思想情感、审美意识、道德规范而进行的教育。它是对"三全"育人理念[①]、手段和质量的创新和提升。

（二）有利于高校思想政治教育工作的创新

网络素养教育是高校思想政治教育工作中的一部分，对于全面开展思想政治教育起到了重要作用。它涉及计算机、心理学、传播学等多个学科，这些交叉学科为思想政治教育带来了新的发展机遇。网络素养教育探讨了如何在网络时代提升大学生的网络素养水平，是高校思想政治教育工作的前沿领域。通过系统地开展网络素养教育，可以促进思想政治教育与其他专业的融合，改善目前大学生知识体系分散的情况，同时也能够改变思想政治教育与其他学科结合不紧密的现状。通过网络素养教育，思想政治教育工作与专业教育、课程教学实践可以更加紧密地融合，创新思想政治教育的方式和方法，扩大高校思想政治教育的覆盖面。

三、有利于营造风清气正的网络生态

（一）有利于营造清朗网络空间

随着互联网的普及和发展，网络已经成了人们获取信息、交流意见、

---

① 丁敏晗.媒体融合背景下大学生网络素养教育研究［D].武汉科技大学，2021.

参与社交活动的重要平台。然而,网络空间也存在一些不良现象,如网络暴力、谣言传播、个人信息泄露等问题,这些都给人们的网络体验和社会秩序带来了负面影响。

通过培养大学生的网络素养,他们能够更好地认识和应对网络的各种风险和挑战。网络素养教育可以帮助大学生学习正确使用互联网、保护个人隐私、识别虚假信息,培养他们的网络安全意识和自我保护能力。同时,良好的网络素养还包括对网络的道德规范和社会责任的认知,鼓励大学生积极传播正能量和正确信息,维护网络空间的和谐与稳定。

大学生作为网络空间的主要参与者之一,他们的行为和态度对于网络空间的清朗与否具有重要影响。通过大学生网络素养的培育,他们将更加自觉地遵守网络规则和法律法规,主动抵制网络暴力、恶意传播和不良行为,形成正向的网络行为习惯。这种清朗的网络空间将有利于促进积极健康社交、传播真实有益信息和构建良好的网络社会环境。

(二)有利于加快网络社会建设步伐

网络素养培育可以帮助我们更好地适应和利用网络,在网络社会中与他人进行交流和合作。网络是现代社会建设的基础设施,就像建筑物需要稳固的基础一样,网络社会的发展也需要具备相应的网络素养。

对于大学生来说,他们是高度接触网络的群体,能够快速获取和吸收网络知识和观点。通过网络素养教育,他们可以从高速触网向高质量触网转变,更好地应对网络时代的发展和挑战。同时,大学生具有接受新事物能力强、年轻心态以及创新意识。网络为他们提供了便捷的途径来获取碎片化的知识和了解感兴趣的新事物。通过培养高水平的网络信息素养,大学生可以善用网络的新功能和新技术,提高个人能力,跟上时代的发展。

在网络的优势和特点下,通过网络素养的培育,大学生可以成为网络的积极参与者和建设者。他们可以通过网络获得及时而高效的信息,提升自身素质,做到文明使用网络并进行理性判断和行动。这样,我们可以真正让网络成为我们全面发展的助力,同时也能够维护网络生态的健康和和谐。

第三节　大学生网络素养培育的主要内容

一、大学生网络认知与操作素养

网络认知与操作素养是指大学生对网络的了解和使用能力。简单来说,就是懂得如何使用网络工具和平台,以及在虚拟社交和信息传播中正确行为的能力。

网络认知是指大学生对网络的整体了解和理解。大学生需要明白互联网的起源、发展和作用,并认识到网络在学习、工作和生活中的重要性。理解网络的优势和局限性也很重要,这样才能明确自己期望从网络中获取什么,以及如何避免网络上的风险和危害。

网络操作技能是指在网络环境下使用各种工具和平台的能力。大学生应该学会使用电脑、手机等设备,掌握基本的操作方法,熟悉并善于使用各种应用软件和网络服务,比如浏览器、搜索引擎、社交媒体等。掌握这些技能可以更方便地获取信息、进行沟通和合作。

大学生还应该具备信息获取和创造的能力。要学会有效地搜索和筛选信息,以获得准确、有用的内容。同时,也要具备创新思维,能够利用网络进行信息交流、合作和创作,这包括分享自己的想法和观点,以及发表原创的文章、图片或视频等。

正确的网络行为和沟通规范也是网络认知与操作素养中不可忽视的一部分。大学生应该遵守网络道德规范,尊重他人的隐私和知识产权,保持良好的网络礼仪和安全意识,还需要了解网络法律法规,避免参与网络欺凌、侵犯他人权益等不良行为。

二、大学生网络自我约束素养

大学生网络自我约束素养是指大学生在使用网络时,能够自觉地控制自己的行为,避免沉迷于网络带来的负面影响。

首先,大学生应该将网络视为学习和生活的辅助工具。应该明确使用网络的目的,合理安排上网时间,重视学习,提高自身的学业水平。同时,也可以利用网络获取其他方面的信息,提升生活质量,比如参与各种在线课程、阅读电子书籍等。关键是要明确网络在自己的学习和生活中的位置和作用。

其次,大学生需要懂得适度娱乐。在学习和生活之余,可以利用网络进行一些娱乐活动,放松身心。比如观看喜欢的影视剧、玩一些小游戏、参与社交媒体的互动等。然而,关键是要有节制地进行这些娱乐活动,不要沉迷其中,导致影响学习和生活的正常秩序。

最后,大学生还需要注意自身的网络安全和隐私保护。要学会防范网络诈骗和欺诈行为,保护个人隐私信息不被泄露。同时,要遵守网络道德规范,尊重他人的权益和隐私。

三、大学生网络信息甄别素养

大学生网络信息甄别素养是指大学生在浏览和检索网络信息时,能够准确判断信息的真实性、可靠性和价值,并能根据自身的价值观做出合理的判断。

首先,大学生需要具备批判性思维和分析能力。应该学会质疑和思考背后的逻辑、观点来源以及证据的可信度。对于网络上的信息,应该进行多角度、多渠道的核实,而不是盲目相信。只有经过深入思考和分析,才能够做出准确和明智的判断。

其次,大学生需要有自己的价值观念,并能够坚守自己的信念。应该明确什么是对自己有价值的信息,能够从琐碎的信息中挑选出对自己有意义的内容。同时,也要学会尊重他人的不同观点和价值观,做到客观、公正地评价信息。

再次,大学生还需要充实自己的知识储备,掌握一定的专业知识和领域知识。只有拥有一定的知识储备,才能更好地理解和判断相关信息的真实性和可信度。

最后,大学生要具备应对不良信息和垃圾信息的能力。要学会辨别和抵制传播虚假信息、低俗信息等负面内容。同时,大学生也应该主动参与网络社交,与其他人进行积极的信息交流和讨论,以提升自身的信息甄别能力。

四、大学生网络安全素养

大学生网络安全素养是指大学生在网络使用中具备掌握相关安全意识和知识、能够保护自己的网络信息和隐私、识别并避免网络风险的能力。

首先,大学生需要有意识地保护自己的个人信息和隐私。在网络空间,大学生应谨慎分享个人信息,不轻易泄露姓名、身份证号码、电话号码等敏感信息。同时,还应学会设置安全性强的密码,并定期更换密码,以防止个人账户被盗用。

其次,大学生需要警惕网络诈骗和欺诈行为。要学会辨别垃圾邮件、钓鱼网站等网络欺诈手段,并避免点击可疑链接或下载来历不明的软件。在进行网上购物时,要选择正规的商家,避免上当受骗。

再次,大学生还需要关注网络社交的安全问题。要防范网络骚扰、网络暴力等行为,学会拒绝不良友谊邀请,维护自身的网络尊严。在与他人交流时,要保护自己的隐私和个人资料,不随意泄露。

最后,大学生还需要不断学习网络安全知识。大学生应主动关注相关安全知识的推送,了解最新的网络安全威胁和防范措施。同时,要提高对网络信息的辨别能力,学会识别虚假信息和网络谣言,以免被误导或受到负面影响。

五、大学生网络法律素养

大学生网络法律素养指的是大学生了解网络相关法律知识,并能够运用法律方式解决在网络社会中遇到的问题的能力。简单来说,就是要具备一定的法律意识,遵守并运用法律规范来保护自己的合法权益。

首先,大学生需要了解网络法律法规。大学生应该学习和了解网络法律法规的基本内容,如《中华人民共和国网络安全法》《中华人民共和国著作权法》等,了解自己在网络上的权益和责任。只有明白法律的约束和规定,才能在网络活动中遵守法律,做到合法合规。

其次,大学生需要掌握自身权益的保护方式。大学生应该了解自己在网络空间中的权益,如个人信息保护、知识产权保护等,并学会使用法律手段保护自己的权益。当自身的权益受到侵害时,可以通过法律途径寻求帮助和维权。

再次,大学生还应该培养正确的网络行为和言论意识。要懂得在网络上言行需要符合法律法规和道德规范,不传播、制作和传输违法信息。同时也要注意个人言论的负责性和合法性,避免侵犯他人的合法权益。

最后,大学生还应积极参与网络法治社会建设。大学生除了自己做到正确使用网络外,还可以主动宣扬法治观念,教育身边的人遵守网络法律法规,共同营造良好的网络环境。同时,大学生也可以参与网络法律宣传活动,提高大众对网络法律的认知水平。

六、大学生网络道德素养

大学生网络道德素养是指大学生在网络使用中遵守一定的道德规范,网络行为良好,树立符合社会主义核心价值观的道德观念。简单来说,就是要在网络上做一个遵守道德、尊重他人的文明网络公民。

首先,大学生需要树立正确的网络道德观念。大学生应该了解并接受社会主义核心价值观,将其融入自己的网络行为中。要尊重他人的隐私权和知识产权,不发布侵犯他人权益的言论、图片或视频,不传播虚假信息和谣言。

其次,大学生需要保持良好的网络行为和礼仪。大学生应该遵守网络用户协议,不利用网络进行违法犯罪活动,不恶意攻击、侮辱他人。同时,还要遵守网络规则,不滥用互联网资源,不进行网络欺诈、诈骗等行为。

再次,大学生还应该培养自律意识和责任感。大学生应该明白自己的网络行为对于个人、社区甚至整个社会的影响。要注意言行举止,不发表恶意攻击、歧视、谩骂等对他人造成伤害的言论,尊重他人的观点,并谦虚地探讨问题。

最后,大学生还需要积极参与网络公益活动。通过关注社会热点、传播正能量、宣传环保、公益事业等行为影响和帮助他人,弘扬社会正气。

七、大学生良性网络生态建设素养

大学生良性网络生态建设素养是指大学生在建设良性网络生态的过程中所需要具备的素养。简单来说，就是大学生应该认识到自己在网络社会中的责任和作用，积极参与网络文化建设和传播正能量。

首先，大学生需要明确自身的时代使命和责任。要意识到自己是网络生态的一分子，有责任为良性网络环境作出贡献。只有明确自己的使命，才能更好地投入网络生态建设中。

其次，大学生需要积极参与网络实践活动。可以选择参与有益社会的网络活动，如参与公益组织、志愿者服务等，通过自己的行动传播正能量，推动社会进步和发展。

再次，大学生还应注意自己在网络上的信息发布和传播。要审慎选择发布的信息内容，积极传播正面、真实的信息，避免传播虚假、歧视或有害的内容。同时，要注意对网络信息进行客观、理性的分析和评价，不盲从、不传播谣言。

最后，大学生还需担当起良性网络生态的监管者的角色。应当对违法、不良信息提出批评和报告，积极参与网络举报活动，共同营造一个清朗的网络环境。

第四节　大学生网络素养培育的途径

一、构建网络素养教育体系

（一）丰富网络素养教育内容

为了能够更好地适应社会的发展，高校应该将网络知识、网络道德、网络技能与专业知识、社会道德、专业技能进行衔接过渡，全面加强大学生网络素质能力的培养。

第一，要将网络素养教育纳入思想政治教育课程体系中。网络素养教育应该受到马克思主义理论和思想政治教育等学科内容的指导,与思想政治教育有机融合。通过教学内容和方式,帮助大学生树立正确的网络价值观,提高他们的网络道德和心理素养,规范自身的网络行为。

第二,网络素养教育需要与相关学科知识相结合。大学生的网络知识素养和技术素养需要多领域交叉的综合能力。因此,在网络素养教育中,要与计算机专业知识、传播学等相关学科教育相结合,增设相关课程,帮助大学生全面掌握网络知识和技能。

第三,网络素养教育还应包含网络安全素养。大学生在网络使用过程中需要了解网络行为规范和相关法律法规常识,以保护自己的权益和避免网络犯罪的陷阱。因此,网络素养教育应加强相关法律普及课程,提升大学生对于网络安全和法律责任的认识。

第四,高校应该针对不同专业设置丰富的网络素养教育课程。根据各专业的特点和需求,系统地丰富网络素养教育的内容。从理论教育到实践教育,逐步培养大学生的网络技术素养、网络安全素养和网络道德素养,使他们能够在网络上正确使用技能、规范行为。

（二）创新网络素养教育方式

创新网络素养教育方式可以通过以下途径实施:

第一,可以利用优秀的网络平台作为教学辅助。例如,可以利用学习强国学习平台和中国互联网联合辟谣平台推出的"辟谣平台",通过官方媒体讲述分析实际网络事件,帮助大学生更清晰、理性地认识到网络不良行为和负面网络信息的危害。

第二,教师可以选定时下的网络热点话题作为课后思考作业,鼓励学生深入探索网络热点事件背后的意义,并通过书面报告或课件展示的方式详细阐述自己的观点。同时,组织学生进行观点相异的辩论,使学生从不同角度论述同一事件,培养他们理性、辩证看待网络事件和相关舆论的能力。

第三,可以组织大学生网络素养研究团体,通过小组的形式激发学生对网络素养的重视,促进交流和探讨。可以选择当前的网络流行文化和网络舆情热点作为研究方向,开展论坛和课题研究,提高大学生对网络素养的关注度,并将相关成果应用到校园网络环境建设和网络教育活动中。

第四,可以组织面向全体师生的网络素养教育活动。学校可以邀请专家学者开展网络素养教育专题讲座,提高大学生对网络知识和技术的认识和兴趣。此外,学校也可以举办有关网络法律法规的知识讲座和网络普法活动,帮助学生学习实用的法律知识,提升他们对网络安全的意识和素养。

通过以上创新方式,可以更加有效地进行网络素养教育,激发大学生的学习兴趣,提高他们的网络素养水平,并培养他们正确使用网络和遵守网络规范的能力。这将有助于提升整个网络生态的健康发展。

（三）完善网络素养教学机制

高校和网络平台应该共同合作,发挥各自的优势,在推进大学生网络素养教育方面取得更好的成效。高校可以通过教学方式增强大学生的个人信息保护意识和网络行为规范意识,形成全方位、多层次、多声部的教学模式。同时,在课堂上和网络上宣传正能量,确保网络素养教育充满积极正面的氛围。

在开展大学生网络素养教育时,要因地制宜,实事求是,从大学生实际情况出发。高校承担网络素养教育主体责任,推动大学生自主学习网络素养。此外,还应加强网络素养教育学科建设,改进教学方式、方法和评估机制,建立长效机制,丰富教育内容,建立与其他专业课程相关的多层次、多角度、多维度的网络素养教育系统。

通过多方合作,网络素养教育能够培养具备综合能力和高素质的人才,并成为人才培养的重要组成部分。

二、发挥网络素养教育功能

（一）发挥网络素养教育的正向引导功能

1. 引导大学生理性思考

网络素养教育就是要帮助大学生明白在面对问题时要进行理性思考和判断。我们需要引导大学生明确上网的目的,正确有效地利用网络。网络可以作为缓解现实压力的出口,但在轻松娱乐的同时,大学生也应该制订好线上线下学习计划,合理安排学习和休闲的时间,充分发挥自主决策能力和自我学习能力。大学生还可以积极利用网络平台提供的丰富信息和便捷功能来主动学习。

大学生正处于学习和提升阶段,因此要尽量避免将时间和精力浪费在网络游戏上,而是要把网络视为促进自身发展的工具,并充分发挥它的最大价值。网络素养教育要鼓励大学生在网络上展现自我,通过观点交流来强化自己的思维能力,在这个过程中努力吸收知识和技能,不断完善自己的知识结构。

2. 引导大学生提升法律意识

虽然大学生在现实生活中对法律有一定的了解和认知,但进入网络虚拟世界后,法律意识可能会出现一些减弱的情况。在当前不太理想的网络环境下,许多负面信息夹杂着发布者的个人目的,很难辨别真假。近年来,网络谣言和网络暴力造成了很多恶劣事件,这些事件的发生与散布谣言者和施暴者的网络素养水平低、缺乏道德约束有关。

高校作为推进网络素养教育的主体,应引导大学生从这些事件中吸取教训,始终注重规范自己的言行并遵守道德规范。网络素养教育应帮助大学生学会准确辨别谣言,不因网络行为具有匿名和虚拟性而心存侥幸或编造虚假言论。当面临网络暴力和不实言论时,大学生应该能及时采取有效措施加以制止,引导他人采取正确行为,从而增强法律意识。

3. 鼓励大学生建立网络生态

在进行网络素质教育时,要让大学生把构建良好的网络环境作为自己的责任,主动维持网上的秩序,学会用正确的方法去处理问题,避免陷入网上的"陷阱";要学会使用法律武器来打击互联网上的违法犯罪,决不姑息和放纵,为营造一个良好的网络环境而努力。

(二)发挥大学生的自我教育功能

网络素养教育应该鼓励大学生自我教育,并充分发挥他们的主动性。这意味着引导学生在网络活动过程中进行自我反思和积极思考,并从中获得领悟和启示。因为教育的创新主要是解决网络素养教育的问题,但在实施教育过程中,主要解决的是大学生自身存在的问题。大学生通过自我实践和持续学习,以此为基础开展每一次教学过程,从而达到自己的目标。这是教育应该承担的责任。

大学生通过网络可以了解时事热点、自由表达观点、收集知识。受大学生自身主观能动性影响的内在因素是影响网络素养教育成果的重要因素,大学生在网络活动中的自主学习和实践是网络素养教育的重要成果,也是快速提高他们网络素养水平的重要步骤。

在网络世界中,大学生的言行需要强大的自律意识,规范自己的网络行为,不成为网络暴力的实施者。大学生应该将网络素养真正内化为信念,并在行为中体现出来,成为知行合一的合格网民。大学生应该自觉加强网络道德素养和网络安全素养,清楚哪些网络行为会损害自己和他人的利益,并且不因网络的虚拟性而淡化对法律的意识,自觉维护整个网络环境的健康发展。

(三)发挥成果检验在网络素养教育中的推动作用

高校需要采用各种灵活的方式来检验大学生在网络素养教育中的成果,注重整体性。这包括将网络素养教育与思想政治教育和专业教育相结合,考核不仅局限于应试成绩,而是关注大学生在网络调查能力、学习能力和实践能力方面的表现。制定灵活的网络素养教育成果检验标准可以有效推动大学生网络素养教育的发展。

成果检验要重点关注大学生的网络实践能力,问题导向的实践调研在网络实践中起着重要作用。大学生通过自主发现问题,在网络平台上收集多方信息和观点,形成对网络事件的全面看法。在实践过程中,他们不仅锻炼了网络思维和技术,还培养了自主学习和信息汇总能力。通过对大学生网络实践能力的评估,可以真实地反映他们的网络素养水平,并且在检验中帮助他们提升网络技能、建立自信。这有助于大学生全面准确地看待复杂的网络事件和问题,对他们未来的发展具有重要帮助。

实践是验证真理的唯一标准,大学生群体作为网络参与者,他们在网络活动和实践中形成的观点和习惯比纯理论教育更有影响力,更具根深蒂固性。因此,高校的网络素养教育应该结合实践开展教学,让大学生在实践中提升网络能力。只有通过实践,才能使大学生对网络素养的内容有深刻的理解,并形成正确的网络价值观。大学生需要增强个人自信和自尊,在正确的网络素养指引下,勇于表达自己的观点,善于运用理性和批判思考的能力,在网络世界中扮演积极的角色。他们将所学所知运用到构建和谐网络生态中,以行动者的身份参与公共平台建设,展现新时代青年人的智慧和能量。

三、营造风清气正的网络环境

（一）加大对网络环境的正向引导力度

为了帮助大学生提升网络素养水平，我们需要加强对网络环境的正向引导。在当今信息时代，网络舆论很容易形成舆论风暴，而网络信息的真伪也很难辨别。因此，网络主流媒体在发布信息之前应该把关信息来源，拒绝利益导向，发布完整、真实的信息，并标明信息来源，切实维护每位网民的知情权，提高公信力。

网络主流媒体应该相互监督，联合形成一个网络平台行业净化器，承担厘清事件真相、引导网络舆论的社会责任，应遵守新闻行业规则，发挥积极作用。一个积极向上的舆论氛围对于大学生网络素养教育非常重要。因为一些观点一旦形成规模，在很大程度上会影响甚至改变大学生对事件的认知。因此，网络媒体在全平台发挥大声量、正能量的作用，能够帮助大学生形成正确的社会认知和价值观，提高网络素养水平。

网络平台应以"四个坚持"重要指示为指导，通过技术创新和责任细化，将网络安全工作落实到位。应完善网络监管机制，加强网络数据安全管理和信息发布检查机制，与官方媒体合作做好宣传工作，及时引导舆情发声，强化主流声音的公信力量。网络媒介平台是培养大学生网络素养的重要阵地，一个清朗的网络生态环境对于大学生网络素养的正向引导作用是潜移默化的。

因此，高校、网络平台和监管部门应该共同合作，以建立一个良好的网络环境帮助大学生提升网络素养水平，具体可以通过以下途径加大对网络环境的正向引导力度。

首先，网络监管部门需要深化体制机制改革，以引导网络发展方向。由于网络的信息体量巨大且传播速度快，对网络进行有效监管存在一定困难。因此，网络监管部门应该在整个网络发展体系中起到引导作用，加快技术革新，确保各部门的监管工作能够及时有效。他们应与网络平台合作，共同革新监管技术和机制，充分利用各自的资源和技术优势，弥补监管短板。

其次，多个主体需要协力合作，根据新时代网民特点，创新网络发展建设。我们应该宣传人民喜闻乐见、有创意和温度的内容,壮大主旋律宣传队伍,扩大正面宣传的影响力。同时,我们要加强对网络平台发布内容的审核和管理,制定相关细则,确保网络环境整体健康。通过发挥主流媒体的传播力量优势,增强网络的正向引导作用,弘扬正能量价值观。

最后,规范网络媒体的表率作用,并强化案例指导。网络传媒可以利用自身优势进行网络素养宣传和教育,通过政府和高校门户网站、公众号等途径向大学生普及相关内容。同时,官方发声媒体如《人民日报》评论、半月谈等可以发布详细分析,鼓励网民对网络热点问题进行理性交流讨论,全方位提升官方平台的发声力度。网络媒体应规范自身信息发布,在受众面前展示真实可信的内容,通过文字和视频方式传递网络素养教育的时代意义,扩大受众范围和覆盖面,增加网络素养教育的内容。他们需要承担起发扬网络素养教育的重任,从营造良好外部环境的角度来加强大学生的网络素养教育工作。

(二)加大网络问题专项治理力度

在加强网络问题专项治理的过程中,要重点整治不良网络社交行为和网络暴力现象。例如,通过"人肉搜索"泄露个人隐私信息、恶意传播谣言等行为严重干扰当事人的正常生活,并对其形象和人格造成不可逆的损害。这些事件会消耗公众的注意力,带来负面情绪,破坏网络环境。我们需要引导网络舆论,完善相关法律规定,明确各部门职责,加大整治力度,以实现事前震慑和维护公民权益。

为此,网络监管部门应加快响应速度,及时处理违法信息,建立高效的网络申诉机制,消除不良网络社交行为和网络暴力。同时,网络平台应增强信息处理能力,建立和执行平台规定,并加大违规行为的惩罚力度。平台和政府应通力合作,严格落实网络意识形态安全责任要求,加大打击违法行为的力度,优化治理制度,创新内容审核方式,营造清朗的网络空间,实现合作共赢、资源共享和知识传递。

第七章

大学生职业素养研究

第一节　职业素养概述

一、职业的含义

职业是每个人生活中重要的组成部分,它包含三个层面的含义:具体岗位工作、个人价值的提升和职业联系。

第一,具体岗位工作需要依靠知识和技能,只有在这方面有所提升,才能更好地完成工作任务。

第二,职业发展和变迁也是个人价值提升的过程。随着工作经验的积累和技能的提高,人们可以担任更高级别的职位,实现自我价值的提升。

第三,体现为一种职业联系或社会联系的纽带,即"从业者在特定社会生活环境中所从事的一种与其他社会成员相互关联、相互服务的社会活动",[①] 具有相对的规范性、稳定性和社会性。

二、职业素养的指向

职业素养是指一个人在职业生涯中所需要具备的各种素质。这些素质包括技艺层面、态度层面和价值层面,分别体现为专业知识、实践能力和资源整合能力,职业操守、职业动机、职业合作和职业责任,以及职业理想、职业价值和社会责任。这三个层面相辅相成,共同构成了一个人的职业素质。

(一)技艺层面

技艺层面是职业素质的基础,它体现了一个人在专业领域的知识储备、实践能力和资源整合能力。一个人的技艺水平决定了他在职场上的

---

① 谭满益,李敏,宋刚勇,王磊.职业素质的新模型及其内涵解剖[J].职教论坛,2009(6):23.

竞争力和发展潜力。

（二）态度层面

态度层面是职业素质的重要组成部分，它体现了一个人在职业生涯中的行为准则和价值观。职业操守、职业动机、职业合作和职业责任是态度层面的主要体现。一个人的态度决定了他在职场上的形象和影响力。

（三）价值层面

价值层面是职业素质的灵魂，它体现了一个人在职业生涯中的追求和理念。职业理想、职业价值和社会责任是价值层面的主要体现。一个人的价值观决定了他在职场上的定位和影响力。

由此可见，职业素养或许是可见的，比如行为、知识、技能；但这可能仅是职业素质的"冰山一角"，更多的职业素养潜藏在海面之下，如职业情感和职业动机（图 7-1）[1]。职业情感和动机是一个人职业素质的内在动力，直接影响着一个人在职场上的表现和成就。

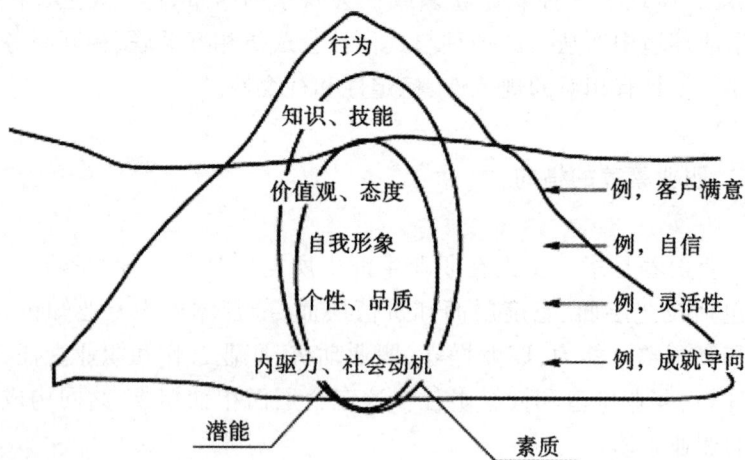

图 7-1 美国学者莱尔·M.斯潘塞的职业素质冰山模型

---

① 周建松.高职院校素质教育研究[M].北京：中国人民大学出版社，2015：78.

外在和内在的因素都会影响个人职业素质的养成。外在因素包括职业行为、职业知识和职业技能等,而内在因素则包括个人性格、价值观、情感态度等。在职业生涯中,一个人需要不断地调整自己的外在和内在因素,以提升自己的职业素质。

教育是提升个人职业素质的重要途径。教育可以帮助人们获取专业知识、培养实践能力和资源整合能力,提高职业技能水平;教育也可以培养人们正确的职业操守和价值观,塑造良好的职业态度;此外,教育还能够引导人们树立正确的职业理想和价值观,承担社会责任。

总之,职业素养是一个人在职业生涯中最重要的资本之一。一个人的职业素质不仅决定了他在职场上的成就和发展,也反映了他的人生价值和社会责任。因此,我们应该不断地提升自己的职业素质,以适应职场的变化和挑战。

三、职业素养的特征

(一)职业性

职业素养是一个人在职业生涯中必须具备的能力和素质,与不同职业的要求有关,需要具备不同的能力和素质。例如,播音主持行业需要从业者具备较强的语言组织能力,企业管理人员需要具备较强的管理能力和协调能力。

(二)稳定性

职业素养具有相对的稳定性,因为其是在长期从业过程中逐渐形成的,不会轻易再失去。比如,一个工匠,经过了几年的实践操作,学会了制作工艺的手法。

(三)整体性

职业素养是一个人整体素养的体现,包括思想政治素养、职业道德素养、科学文化素养、专业技能素养、身体和心理素养等。① 思想政治素

---

① 凌玲,莫丽平,韦红.中职学生综合素质的现状及对策[J].广西教育,2018(30):10-12.

养是指一个人的政治立场、政治观点和政治信仰,人的思想政治素养会直接影响他的工作态度和行为。职业道德素养是指从业人员在职业中应遵守的道德规范和职业操守,是一个人对职业的忠诚度和责任感的体现。科学文化素养是指一个人的知识水平和文化素养,知识水平和文化素养会直接影响其工作能力和职业发展。

(四)发展性

职业素养具有发展性,人们为了适应社会发展的需要不断提高自己的素养。在职业生涯中,人们需要不断学习和提高自己的专业技能和知识,以适应不同的职业要求和变化的社会环境。

总之,职业素养是一个人在职业生涯中必须具备的能力和素质,它是一个人整体素养的体现,具有相对的稳定性和发展性。从业人员应该注重自己的职业素养的培养和提高,以适应职业生涯的发展和变化。

第二节 大学生职业素养培育的意义

一、大学生职业素养培育的重要性

(一)高校教育改革的必然要求

在当前经济社会的快速发展和竞争激烈的就业市场中,大学生需要具备一定的职业素养才能更好地适应职场要求、实现个人发展。

职业素养包括但不限于专业知识与技能,还包括沟通能力、团队合作能力、领导能力、创新能力、思辨能力、职业道德等方面的素养。通过培育大学生的职业素养,可以提高他们的就业竞争力和职业发展潜力。

高校教育改革需要致力于提升大学生的职业素养培育。这需要教育机构在课程设置、教学方法和评估方式上进行改革创新,注重将理论知识与实践能力相结合,培养学生的创新思维和实际操作能力。同时,还需要开展职业导向的实践活动和实习实训,提供学生与职业行业接轨的机会,使他们能够更好地了解和适应职场要求。

此外,高校还应注重培养学生的综合素质,包括思辨能力、跨文化沟通能力、领导与管理能力等,使他们具备更强的综合竞争力和适应能力。同时,也要加强职业道德教育,引导学生树立正确的职业观念和职业操守,培养良好的职业道德和职业责任感。

（二）多维价值倡导的必然要求

大学生的职业素养培育是非常重要的,它不仅关乎个人就业和职业发展,还涉及个人的人生意义和社会价值。我们可以将职业看作是个人与社会之间的纽带,它不仅可以促进个人社会化过程,也可以推动社会个性化发展。因此,大学生的职业素养培育与教育有着相似的功能。

然而,个人的职业价值只有在与人生价值和社会价值相一致的情况下才能得到实现。如果个人的职业追求背离了其人生价值或社会价值,那么职业对个人来说就可能变成一种束缚。而对于社会而言,则可能带来负面影响。因此,个人价值的实现往往需要通过实现职业价值来实现。

在高校的素质教育中,应该倡导个人职业价值、人生价值和社会价值的三维合一,这意味着个人的职业发展应该与其人生意义和社会价值相协调。这种综合的价值取向应该成为高校素质教育课程教学的最终目标。

二、培养大学生职业素养的必要性

（一）职业素养关乎大学生日后职业岗位的获得

大学生的职业素养水平对于其就业岗位层次水平有着重要的影响。具体来说,职业素养高的大学生更容易找到高层次的岗位,因为他们具备了更全面、更专业的知识和技能,能够更好地适应和胜任高层次的工作。同时,职业素养高的大学生在职业选择决策方面也更加正确,能够更好地把握自己的职业发展方向。

职业素养高的大学生不仅在求职方面表现出色,创业能力也相对较高。他们具备了更加全面的创业知识、技能和经验,能够更好地应对创业过程中的各种挑战和困难。

职业素养高的大学生就业机会多,他们在求职过程中更加有自信、有底气,能够更好地展示自己的优势和特点,从而得到更好的职业机会,职业生涯发展也更为顺利,能够更好地适应职场变化和挑战,实现自己的职业目标和梦想。

(二)职业素养关乎大学生的职业成功与否

职业素养包括一个人在工作中所表现出来的职业道德、职业技能、职业精神、职业操守等方面的素质。一个人的职业素养水平会直接影响到他的工作表现和职业发展。

职业理念、人格、能力素质水平较高可以帮助人们正确应对工作上的困难,胜任工作岗位,取得好的工作业绩。[①] 职业理念是指一个人对于自己的职业发展方向和目标的认识和理解。一个人有了正确的职业理念,才能够有明确的职业发展目标,并通过努力实现这些目标。人格则是指一个人在工作中所表现出来的性格特点和品质。一个人有良好的人格素质,才能够在工作中表现出正确的职业操守和职业精神。能力素质水平则是指一个人所拥有的各种技能和知识水平,这些能力素质水平高的人往往能够更好地胜任工作岗位,取得更好的工作业绩。

职业素养高的人在职业生涯中容易进入良好的发展态势。他们能够更好地适应工作环境和工作要求,更好地与同事和领导沟通和协作,取得更高的职业成就。而职业素养低的人则往往会面临职业瓶颈和发展难题,难以实现自己的职业目标。因此,培养良好的职业素养对于一个人的职业发展非常重要,只有不断提高自己的职业素养水平,才能在职业生涯中不断取得进步和发展。

(三)大学生的职业素养关乎社会的发展

大学生是社会中的知识精英,他们接受系统的文化及专业教育,掌握了丰富的知识和技能,成了各行各业中的人才。他们的职业素养关乎着社会的发展,是社会中不可或缺的一部分。大学生是科技及社会发展的有生力量,他们掌握着新技术和新知识,对整个社会的发展产生着重要的影响。提高大学生的职业素养,这是刻不容缓的任务。大学生应该注重培养自己的职业操守、职业道德,提高自己的专业技能和素养。同时,大学生还应该不断学习新知识,增强自己的创新能力和实践能力。

① 周晓丹.大学生职业素养与培养方法研究[J].智库时代,2019(39):247-248.

第三节　大学生职业素养培育的主要内容

一、职业知识

（一）基础知识

基础知识是我们学习和掌握其他知识的基础。它包含数学、物理、化学、历史、地理、语文以及专业基础知识等方面的内容。这些学科分别研究数量、结构、变化、自然现象和规律、物质、历史、地理环境、语言交流等。

基础知识的学习不仅是为了掌握知识本身，更重要的是为了塑造我们的思维方式、逻辑思维能力和批判性思维能力。这些能力在我们的日常生活和职业生涯中都是非常重要的。知识之间相互联系、相互支持、相互促进，从而形成一个完整的知识框架。这个框架可以帮助我们更好地理解和掌握复杂的知识。

专业基础知识是衔接基础知识和专业知识的重要环节，也是学习专业知识的铺垫。学习专业基础知识可以帮助我们更好地理解和掌握专业知识。同时，它也可以帮助我们更好地适应职业生涯中的工作环境和要求。

（二）专业知识

在工作岗位上所学的专业上的知识，被称为专业知识，它是一技之长。专业知识对于一个职业人来说至关重要。

专业知识是人们在工作岗位上赖以生存的资本，通过训练和培养后可以获得。它是知识结构的直接体现，直接反映我们知识结构的显示面就是我们所掌握的专业知识。在现代化发展的时代背景下，不断追求专业知识的提高和丰富，是每个职场人的必然选择。只有不断学习新知识和技能，才能不断提高自己的职业素质。

实践是检验真理的唯一标准。只有将专业知识在实践中运用，才能真正了解它的价值和优劣。在职场中，专业知识的应用能力是非常关键的，它直接关系到职业发展的前途和成就。

（三）复合知识

复合知识观的提出，是为了解决当前我国"专才"培养模式中所出现的弊端。伴随着时间的推移，交叉学科和边缘学科不断涌现，在现实中，仅仅依靠一两种专门的知识是远远不够的。因为学科是多元化的，所以要全面了解某一领域的专门知识，就要借助其他领域的知识，利用各种不同的领域的知识，来加深自身的专长。

二、职业道德

职业道德是指在职业人员从事社会职业活动时，遵循的道德准则和规范。它涵盖了许多方面，包括爱岗敬业、诚实守信、处事公道、服务民众、奉献社会等基本规范。这些规范是职业人员必须遵循的道德准则，也是保证职业形象和职业信誉的重要保障。

除了基本规范，职业道德还包括一系列的基本素养，如遵纪守法、严谨自律、诚实厚道、勤业精业、团结协作、任劳任怨、开拓创新等，这些基本素养能够帮助职业人员建立正确的职业观念，形成正确的职业道德意识和职业行为习惯。

职业道德的养成需要在职业道德的训练和实践中得以实现。在职场中，职业人员需要不断地接受职业培训和教育，不断地提升自己的职业素养和职业技能。同时，职业人员还需要在实践中不断地摸索和总结，不断地完善自己的职业道德体系，不断地提高自己的职业道德水平。

对于大学生而言，积极参与社会实践，到实践中去感受、体会和领悟职业道德，是非常重要的。通过参与社会实践，大学生能够深入了解职场中的职业道德规范和职业环境，了解不同职业的职业道德要求和职业特点，从而提高自己的职业素养和职业水平。

三、职业形象

职业形象是指一个人在工作场合中展现出来的形象,包括外在和内在两个方面。外在职业形象主要表现在相貌、穿着、打扮、谈吐等方面,而内在职业形象则包括学识、风度、气质、魅力等。

外在职业形象是很多人关注的重点,因为外在形象是最容易被人看到的。一个人的穿着、打扮和相貌等方面都能直观地展现出他的职业水平和职业态度。身着得体、整洁干净、谈吐自如的人,往往会给人留下良好的印象,同时也会让人觉得他是一个有能力、有担当的人。

不过,内在职业形象同样重要,甚至更为重要。一个人的学识、风度、气质和魅力等方面都能影响其职业发展。内在的职业形象是一种无形的资本,它能够帮助人建立起良好的职业关系,提高个人的职业能力和竞争力。

一个人的职业形象不仅能够让自己感到自信和满足,还能够带来更多的职业机会和职业发展空间。通过不断地提高自己的职业形象,能够更好地应对职场挑战,实现自己的职业梦想。

四、职业态度

职业态度是指个人对职业生涯的设想及其有关问题的基本看法。这种看法包括职业生涯设计和对正在从业或即将从业的职业的看法等。[①] 大学生职业态度的养成需要关注可能产生的契机和途径。

对于大学生来说,职业态度的养成至关重要。首先,大学生应该认识到自己的职业生涯设计需要基于自身的兴趣、能力和优势。其次,大学生需要了解不同职业领域的工作内容、职责和发展前景,从而制定适合自己的职业规划。此外,大学生还应该关注自己所学专业的发展趋势和市场需求,以便更好地适应社会发展的变化。

好高骛远是行不通的。大学生应该在自身能力范围内选择合适的职业,避免盲目追求高薪和社会地位而忽略了自己的兴趣和能力。

---

① 孙淑卿,邹国文,朱丹.大学生职业素养 [M].天津:天津科学技术出版社,
2018: 6.

五、职业能力

（一）表达沟通能力

在大学生的日常学习和生活中,表达沟通能力是一项非常重要的技能。它是指通过不同的思维载体将个人思想、意见等表达出来,促使对方接受自己的能力。表达能力包括语言表达和文字表达,是大学生必须具备的基本能力。

能够准确、流畅地讲述事实、表达观点、撰写文书,是用人单位对大学生表达能力的基本要求。在职场中,表达能力也是非常重要的一项技能。无论是和同事的沟通,还是和客户的交流,都需要具备良好的表达能力。因此,大学生要注重提高自己的表达能力,这对于未来的就业和职业发展非常有帮助。

沟通技能包括听、说、读、写等多种技能,沟通的方式也有多种多样,最主要的是语言沟通,也包括非语言方式。能够准确、高效地传递和理解信息,是大学生就业必须具备的能力要求。在现代社会,信息传递的速度非常快,只有具备良好的沟通能力,才能更好地适应社会的发展和变化。

（二）团队合作能力

团队合作精神是自愿合作和共同努力的能力,它需要员工在团队中和谐共事。这种能力包括沟通协调、扮演适当角色、勇于承担责任、乐于助人等方面。对于企业来说,团队合作精神是非常重要的,因为团队合作能够提高企业的工作效率和生产力。所以,团队合作精神也是大学生就职的必备条件之一。在大学期间,学生们需要参加各种团队活动,这可以帮助他们培养出团队合作的能力,以便他们更好地适应职场生活。

（三）人际交往能力

在现实生活中,每个人都需要不断地与他人交流,因此具备良好的人际交往能力是非常重要的。对于大学生来说,良好的人际交往能力不仅是在校期间生活与学习的必备技能,更是在将来适应社会、实现个人职业发展的重要工具。在大学中,可以通过参加社团活动、课程讲座、实习实践等途径来提升自己的人际交往能力。通过这些途径,不仅可以提高自己的专业技能和实践能力,还可以结交志同道合的朋友,拓宽自己的人脉,为未来的职业发展奠定良好的基础。

（四）解决问题能力的培育

解决问题能力的培育是大学生职业素养培育的重要方面之一。在现实生活和职场中,遇到各种问题和挑战是不可避免的,因此,培养大学生的解决问题能力能够帮助他们更好地应对工作中的各种情况。

解决问题能力包括分析问题、制定解决方案、有效执行和评估反馈等方面。大学生在解决问题过程中需要具备批判思维、逻辑推理、信息搜集和整合、沟通协作等技能。通过培养这些能力,大学生能够更快速、高效地解决问题,提高工作效率,增强自信心。

为了培养大学生的解决问题能力,可以采取以下几个方面的培养措施:

第一,提供启发式教学:教师可以通过引导学生分析和解决实际问题的案例,培养他们的问题意识和解决问题的能力。

第二,实践性训练:开展实践课程、项目实训和模拟演练等活动,使学生能够在真实的环境中面对和解决问题,培养他们的实际操作能力。

第三,团队合作:通过团队项目和合作学习,培养学生的协作和沟通能力,让他们学会在团队中解决问题,并学习从不同视角出发的思维方式。

第四,提供反馈和评估:及时给予学生反馈,帮助他们发现问题并改进,同时评估他们在解决问题上的表现,激励他们不断提高。

（五）学习和创新能力培育

学习和创新能力是大学生职业素养的核心要素之一。随着社会的不断发展和变化,大学生需要具备持续学习和创新的能力,以适应不断变化的职业环境并保持竞争力。

学习能力是指通过积极主动地获取新知识、技能和经验来不断提升自己的能力。培养学习能力包括以下方面:

自主学习:鼓励学生主动探索和学习,培养他们自己发现问题、解决问题的能力。

学习方法:帮助学生掌握高效的学习方法,包括时间管理、阅读技巧、笔记整理等,提高学习效果和效率。

跨学科学习:鼓励学生跨学科学习,培养他们综合思考和解决问题的能力,拓宽视野。

创新能力是指运用已有知识和技能进行创造性思考和创新的能力。培养创新能力需要注重以下方面:

创新思维:培养学生的创新思维,鼓励他们打破传统思维模式,勇于尝试新的观点和方法。

创新环境:提供创新的学习和工作环境,激发学生的创新潜能。例如,组织创新竞赛或项目,鼓励学生提出创新方案。

团队合作:培养学生的团队合作能力,通过与他人合作,互相启发和协同创新。

通过学习和创新能力的培养,大学生将更好地应对职业发展中的挑战。他们能够不断学习和适应新知识和技术,同时具备创新思维和解决问题的能力,为个人成长和职业发展提供坚实的基础。

第四节 大学生职业素养培育的策略

一、加强职业素养培育的顶层设计,制定大学生职业素养培育目标

(一)实施教育教学方式改革创新

1. 以启发式教育取代灌输式教育

传统的高校教学方式类似于一次性注水,教师站在讲台上,一味地向学生灌输知识,而学生则机械地接受。这种单向的信息传递方式无法与学生互动和交流,学生对课堂内容也往往缺乏主动思考和参与。

相比之下,启发式教育更像是一种点燃思想火花的方式。教师不再只是向学生提供信息,而是引导学生从不同角度和多个方面去探索、分析和解决问题。学生被鼓励发挥想象力和创造力,提出质疑和问题。教师和学生之间进行互动和交流,共同探讨和思考,激发出新的思想和见

解。这样的教学方式培养了学生的灵活运用知识的能力和创新能力。学生不再仅仅被动接受知识,而是积极参与到学习过程中,主动思考和解决问题。他们的教育变得更加个性化和自主化。

为了实现这种转变,高校需要提供一个积极互动的学习环境,教师需要成为学生的引导者和激励者,鼓励学生从实践中获得经验,并通过积极的讨论和合作培养学生的团队合作和沟通能力。

2. 重视学生实践能力的培养

在高等院校教育中,学生需要具备实践能力,因为用人单位对高技能人才的需求很大。然而,在实习和实训方面,高校的教育往往存在一定缺陷,导致学生在工作岗位上的实际操作能力较差,很难适应实际需要。因此,高校应该更加重视实践教学,培养学生的动手能力和创造能力,以提高他们适应岗位的能力。

首先,高校需要改变教学模式,以培养具备专业知识、创新能力和实践能力的人才为目标,而不是过于强调理论教学。可以推广教师指导、学生讨论和实践教学相结合的模式,激发学生对本学科研究进展的热情,培养学生的学习和研究能力。

其次,教师也需要培养实验教学的热情,将理论教学和实验教学相结合,引导学生进行实际操作和实验,使他们更好地理解和应用所学知识。

最后,高校可以积极开展教学实践周等实践活动,让学生每周参与一次实践教学。通过实践活动,学生可以巩固专业理论知识,提高综合素质和知识迁移能力,加强实践分析和应用能力。这样,学生最终能够掌握与社会需求接轨的理论知识和实践技能,形成现代实践教学模式。

3. 以现代科学技术为依托,改革教学手段

现代科学技术的迅猛发展,特别是计算机和新媒体技术的广泛应用,对教学手段的改革提出了新的要求并提供了新的可能性。通过运用多媒体等现代教学手段,将文字、图像和视频相结合,可以激发学生的视觉和听觉感受,以更生动的方式呈现知识内容。这不仅可以提高教学效率,还能够让学生更直观地理解学习内容,激发学习热情,增加学习的趣味性,从而提高教学的效果。

计算机的应用在教学中有很大的作用。它可以帮助教师及时、快速

地分享学习资源,方便学生进行自主学习、交互式学习、远程学习和个性化学习等。计算机可以提供丰富多样的学习资源,例如在线课程、教育游戏和模拟实验等,使学生能够更加灵活地学习,并根据个人的学习需求进行定制化学习。

通过运用现代科学技术,教学变得更加丰富多样,不再局限于传统的讲授和听讲模式。学生可以通过与多媒体的互动和计算机工具的应用,更主动地参与学习过程,自主探索和发现问题的答案,培养批判性思维和解决问题的能力。

(二)加强专业课程建设

1. 在课程内容中强调培养大学生的职业素养

我们应该把培养学生的综合职业能力素养作为核心,注重培养他们的职业能力和职业道德。根据用人单位对工作职位的需求,对现有课程进行调整,并新增一些与大学生职业素养培养相关的课程。这些课程可以帮助学生了解职业发展的重要性,教授他们如何与他人合作、沟通和解决问题的技巧,并关注职业道德和职业规范的培养。

2. 要加强校企联动,协同研发专业核心课程

我们可以组织相关教师走进行业和企业,观察、实践和学习最新的技术知识,掌握学科前沿的内容。也可以与行业和企业进行交流合作,一起制定培养方案,将新的技术和规范及时融入学校的教学内容中,共同研发实践性较强的教材,商议并协调专业核心课程的内容。这样做有助于提高学校培养的专业人才与企业文化、制度、目标和需求之间的契合度。对于那些行业特色鲜明、对专业实践要求较高的学科,学校可以与企业商讨,并根据特定时间段或需求安排学生进入企业进行实习。同时,为学生分配企业工作人员作为校外导师,指导学生的工作,帮助他们融入企业并掌握岗位所需的技能。这样,学生在实践过程中可以培养自己的职业素养。

除此以外,高校还要尽可能开设一批文理交融、学科门类齐全、质量较高的选修课程,供学生进行选择,还要积极鼓励学生跨院系选择专业以及课程。学校还可以有针对性地开设一类实验室性质的课程,鼓励学生动手操作,为进入科学研究作准备。学校可以设置创新学分,鼓励学

生积极投身于创新实践,培养他们的实践能力、创新能力和就业能力。在日常教学中,教师应该提高教学效率,尽可能高效地完成课堂教授,保证学生有充分的自主学习的时间,这有利于学生的个性发展和素质养成。

(三)建立科学的职业素养评价体系

1.评价内容的多元化

在评估过程中,我们要转变过去单纯注重成绩的做法,将职业道德、职业意识、职业行为和公司的文化和规范等纳入其中,通过对学生整体的评估,以"结果导向"的理念来引导大学生去认识和理解公司的文化和工作需要,从而激励他们提升自己的职业素养。

2.评价主体的多元化

建立由高校与企业联合的职业素养评价机制是现代教育发展的必然趋势,毕业生的职业素养评价已经成为衡量教育质量的重要标准之一。因此,为了满足用人单位的需求标准,需要对学生进行人才规格培养和职业素养培育。这也需要学校与企业单位共同制定评价标准,并邀请企业内部人员参与考核评价过程。

企业内部人员具备丰富的职业素养知识,可以加强对学生职业技能、职业道德、竞争与合作意识、沟通交流的培养。因此,建立由高校与企业联合的职业素养评价机制,将企业内部对员工的考核标准转变为对学生综合能力的考核标准,构建技能评价、操作评价、素养评价的评价维度,可以更好地评估学生的职业素养。

同时,形成以评促教、以评促学、以评促做的评价机制,可以促进学生的职业素养培养和教育教学质量的提高。通过评价机制,学生可以更好地了解自己的职业素养水平,更好地发现自己的不足之处,从而更加积极地学习和提高自己的职业素养。而教师和学校也可以更好地了解学生的职业素养培养情况,从而更好地进行教学计划的调整和改进。

3.加强技能考核

大学生专业技能对未来就业至关重要。无论是在找工作还是在工作中,专业技能的水平直接关系到个人的工作表现和职业发展。因此,高校应该重视对学生专业能力的考核,不仅是专业学科知识的掌握,更要注重专业实践能力的培养。

专业技能是笔试通过的决定性因素。在笔试中,专业技能是考查的重点,这也是用人单位选择候选人的重要标准,而专业技能的水平取决于学生在学习中的努力和实践经验的积累。因此,高校应该把专业技能的培养放在教学的重心,注重实践能力的考核,让学生在实践中逐渐提高专业技能的水平。对于实践性较强的专业,可以安排顶岗实习,让学生在实际工作中学习和掌握专业技能。实习阶段的成绩由企业考核,这样可以让学生更加深入地了解企业运营模式和实际工作流程,提高学生的操作能力和实践经验。

专业课程的考核标准应该与职业资格考试的标准相匹配。这样可以更好地培养学生的实际操作能力,提高专业素养和职业技能。同时,高校还可以通过举办专业技能比赛等形式,鼓励学生积极参与,提高他们的专业技能水平。

4. 引导自我评价

高校需要帮助学生将职业道德与专业知识和技能相结合,以使其成为自己的竞争优势,实现在职场中的价值。通过培养学生对自身职业素养的自我认知和自我评价能力,他们可以更好地了解自己的优势和不足,并寻求不断提升和发展。

二、规范毕业实习管理

(一)细化优化实习守则和管理规定

对于高校来说,细化优化实习守则和管理规定是改进教学理念、提高教学水平的重要举措,对培养符合时代要求和社会需要的复合型或应用型人才具有重要意义。

1. 政府方面

政府方面,应加强立法工作或者出台相关政策法规,逐步完善学校与企业合作的大学生实习制度建设。这可以通过科学分配相关主体的责任、权利和利益来保证制度运行有法可依、有章可循。同时,政府还应科学规划相关主体的责、权、利格局,激励和动员他们积极参与大学生职业素养培育过程。

2. 学校方面

学校方面是实习管理的主要责任者和受益者,首先需要从思想层面上对学生进行引导。学校应当培养学生对"社会生存"意识的重视,并将实习视为检验和巩固技能的机会,为将来工作积累经验和技能。此外,学校可以根据专业特点调整实习时间的安排,避免过于集中向企业安排实习生。学校还可以采取措施,如先实习再学习、上课和实习同时进行等,以更好地结合专业知识与实际操作,并高质量地完成实习单位的工作任务。另外,学校应重视学生实习期间的人身安全问题,制定保险计划为实习学生提供保障,以应对意外事故产生的医疗费用。

3. 企业方面

作为"实习"的主体,企业应该积极地履行其社会职责,积极地招募和建立具有战略意义的"实习"管理体系。具体可以建立一个特别的实习生管理部门,来解决实习生实习中出现的问题。实习管理部门应该定期地对高校进行实习信息的发布,并对工作岗位的要求进行解释,让学生们对自己的职业素养、企业文化以及绩效评价制度等方面都有一个清晰的认识,从而让实习工作变得规范有序,有章可循。

(二)完善实习导师制和责任制

1. 高校派出实习指导导师

实习是大学生提升自身能力,增加实践经验的重要途径。高校派出的实习指导导师起到引导学生、监督学生、处理突发情况等作用,对实习顺利开展至关重要。因此,学校应给实习队伍配备指导教师,选择时要考虑实践经验、职业道德和责任感,确保指导教师能够为学生提供一流的实践教育。

在指导教师的数量上,师生数量比例要协调,确保指导教师能照顾到每位实习生。这样才能保证每位实习生都能得到指导教师的指导和帮助,避免因指导教师过少而导致实习质量下降的情况发生。

指导教师和学生要共同制定实习目标和计划,个性化考虑特殊情况的学生。每个学生的实习需求和目标都不同,指导教师应该根据学生的特点和要求,制定个性化的实习计划,帮助学生充分发挥自己的潜力。如果出现突发情况,指导教师还要及时处理,保障学生的安全。

2.高校与实习单位、实习学生之间应建立有效的信息反馈系统

建立高校与实习单位、实习学生之间的信息反馈系统,是目前实习管理的重要措施之一。通过建立信息反馈系统,实习单位和实习学生可以及时了解实习的相关情况和要求,从而更好地完成实习任务。同时,实习指导教师和用人单位的实习生管理人员应互相传递信息并监督实习生工作,避免实习生在实习中出现问题。

为了更好地管理实习生,实习生中间可推选代表,向学校内的指导教师汇报实习情况。这样可以让学校及时掌握实习情况,及时解决实习生在实习中遇到的问题。同时,实习指导教师要及时解决学生在实习中遇到的问题,可以通过现代通信工具远程协助学生,确保学生能够顺利进行实习。

3.高校应建立校内外指导相结合的实习组织方式

为了提高实习效果,建立校内外指导相结合的实习组织方式是必要的。这样可以充分利用校内和校外的资源,为学生提供更为全面的实习资源。分配校外实习指导教师,主要负责实习任务、生产流程、实习进程等的组织管理,可以更好地协调实习任务的完成。实习指导教师应积极与实习生进行沟通交流,及时了解实习生的工作情况、工作态度、心理动态、实践能力等。这样可以更好地协调实习任务的完成,为实习生提供更为全面的实习资源。

(三)建立校企合作共赢机制

现代社会发展迅速,人才的培养已经成为各个领域的重要问题。高校作为人才培养的主要场所,不仅具有传授学生以知识的职责,更重要的是帮助学生提高职业素养,为他们的就业打下坚实的基础。但是,单纯地依靠高校的教育和培训已经远远不能满足企业对人才的需求。因此,建立校企合作共赢机制,激发企业参与学生职业素养培育已经成为当今人才培养的重要手段。

在建立校企合作共赢机制的过程中,政府起到"桥梁"和"纽带"作

用,校企内部驱动是关键。具体来说,高校应该积极主动地与企业联系,了解企业的需求和人才培养方向,为企业提供相应的服务和支持。而企业应该转变角色,由人才接收方变为培养人才的主体,重视实习生的培养和指导。只有高校与企业双方紧密配合,才能有效地培养出符合社会需要的高素质人才。

在校企合作过程中,企业的角色转变尤为重要。传统上,企业只是招收学生,但现在企业应该更加注重培养和指导学生,将实习生视为企业人才培养的重要组成部分。通过为实习生提供实际工作机会和培训,让他们在实践中学习和成长,提高职业素养和实际能力。这对企业来说,不仅有助于提高企业的人才储备,还可以为企业带来新鲜的思维和创意。

与此同时,高校也需要发挥第三职能,即服务和贡献能力。高校不仅具有传授知识方面的责任,更重要的是为地方经济和社会发展提供智力和技术服务。高校应该积极开展科研和技术开发,并将人才和科研资源转化为推动地方经济发展的力量。通过为企业提供智力和技术服务,协助企业提高技术水平和核心竞争力,为地方经济发展作出贡献。

(四)完善顶岗实习考评体系

在大学生的学习生涯中,实习是一段非常重要的经历。通过实习,学生们可以深入了解自己所学专业的实际运作情况,同时也可以提高自己的实践能力和社会适应能力。因此,对于学校来说,如何合理地安排和评价实习,就显得尤为重要。

第一,实习安排要讲求实效性,避免形式主义。这意味着学校应该根据学生的专业特点和实际需求,制定出适合的实习计划,避免一味地追求形式上的完美。同时,实习评价也应该根据多元化评价指标,确保实习指导教师发挥作用,每位同学有所收获。

为了更好地实现实习评价的目标,学校可以采取两项措施。首先,设计电子日记系统评价指导教师工作。这样,学生们可以方便地记录自己的实习情况,指导教师也可以通过学生的反馈,及时了解学生的实习情况,并给予及时的指导。其次,总结实习过程中的问题并改进实习方案。通过总结实习过程中的问题,学校可以及时调整实习计划,从而更好地为学生提供实习服务。

第二,学校还可以制定实习评估准则。根据学生实习情况进行评估,对存在问题的学生进行指导。这样,学校可以更加科学地评价学生的实习表现,并在必要的时候给予帮助和指导。同时,学校还可以制定实习量化考核表和实习日记填写要求。这些考核表和要求表分为工作表现和操作技能表现两个部分,可以更加全面地评价学生的实习表现。此外,实习量化考核表可以由校外实习指导教师或学生自评填写,指导教师进行意见评定。

第三,学生实习结束后将量化考核表和实习日记上交给教师,作为评定实习成绩的参考依据。这样,学校可以更加公正地评价学生的实习表现,并为学生提供更加全面、科学的实习服务。

三、强化创业创新教育

(一)开展创业创新教育,办好创业创新学院

创业创新教育已成为高校工作的重点之一,这种教育模式可以提高学生的综合素质,帮助学生具备识别和抓住机会的能力,拥有前瞻性思维和批判思维的能力,以及适应社会发展与变革的能力。因此,学校应该抓好四个环节,包括顶层设计、完善创业创新学院管理、打造创业创新导师队伍和开发创新创业课程体系,以建立多方联动的创业教育机制。

1.学校应做好顶层设计

将创业创新教育纳入人才培养计划,为创业创新教育确定目标,指明方向,并制定相关规章制度。校级应成立创业创新教育领导小组,二级学院应成立专家委员会,两者共同推进创业创新教育与课程教学、科研项目、专业竞赛环节的融合,从而全方位地为学生做好创业创新教育的指导。

2.完善创业创新学院管理

在高校中,要把对学生的创新创业能力的培养作为一个中心环节,要把创业教育融入自己的专业中去,要把创新的人才培养方式和优化的课程体系作为自己的工作重心,要把创业精神发挥到最大。要建立一个全方位的、相互促进的、相互促进的创业教育体系。在对高校毕业生

的教育教学改革中,应构建"以市场为中心""以市场需求为中心"的毕业生教育教学体系,使其教育教学更好地服务于高校毕业生的实际需要。与此同时,要设立交叉学科,构建起跨院系、跨学科、跨专业的培训体系,促进高校的人才培训从单一的方式发展到复合型的方式,让创业创新学院能够作为培养学生的职业素质的一个重要的支持力量和一个主要的基地。

3. 打造创业创新导师队伍

首先,教师应从思想层面转变观念,重视创业创新教育,改变教学方式,进行启发式教育,增强学生的创新创业意识。教师需要认识到创业创新是社会发展的重要推动力,是学生未来发展的重要方向。因此,他们应该重视创业创新教育,注重培养学生的实践能力和创新精神。同时,教师还需要改变传统的教学方式,采用启发式教育,引导学生自主探究,激发他们的创新思维。

其次,随着科技的快速发展,行业的变化也在不断加速。只有教师具备了创新创业精神以及灵活应对市场的能力,才能为学生提供创新创业指导。因此,学校应该为教师提供充足的在职学习机会,让他们了解最新的科技发展成果,对行业发展作出预判,以更好地指导学生。

再次,教师作为学生的引路人,需要具备一定的创业指导能力。学校应该对教师进行"双创"培训,让他们系统地掌握创业的知识、方法、流程,提高他们教授创业课程的水平以及开展创业工作的指导能力。

最后,建立创业导师团队,是培养学生创新创业能力的有效途径。学校应该聘请有丰富创业经验的人员担任导师,为学生提供更全面的创业指导。同时,学校还可以建立创业导师库,让学生可以自主选择适合自己的导师,提高创业指导的针对性和实效性。

4. 开发创新创业课程体系

建立一套有关创新创业的教学方法。在此基础上,对高校学生进行相关的学科建设,开设与创新创业教育有关的必修课和选修课,例如:创业基础、创业管理等,让所有的学生都可以自由地进行学习,并且要设置一定的学分。借鉴目前我国大学生创新创业教育教学体系较为完善的学校的做法,通过"慕课""春雨"等网络公开课,开展与大学生创新创业教育相关的教育教学活动。各大学应制定相应的支持政策,指导大学生参加专业课程的选修课和取得专业学位证书。在此基础上,整合各学科领域的领军人物与企业中的优秀代表编写有关创业创新教育的教材,形成科学性、时代性与应用性并重的特色。

(二)学习现代职业精神,培养创业创新意识

在"大众创业,万众创新"时代,"企业精神"在新型人才结构中是一个不可缺少的组成部分,在高校中开展创新创业教育,是提升大学生职业素养的一个非常重要的途径。然而,通过对高校学生专业素质现状的调查,发现目前高校学生专业素质较低,这在一定程度上制约了其自主创业能力的发挥。所以,提高大学生的专业素质,对他们的创业有很大的帮助。

把"企业精神"引入课堂教学中,对大学生进行创业教育是一项十分必要的工作。创业教育并不是单纯地把人变成"老板""商人",更多的是注重深度挖掘大学生的创业潜能,把他变成一个有创造力的人。企业所具有的"勇于创新、自强不息、讲求实效、坚韧不拔"的创业精神,它是企业精神走进大学生课堂中的一本生动的教材,可以让学生更加接近、激发他们的创业热情。从理论上讲,公司精神是一种社会创造的

"精神",它是一个民族不断进步、社会不断发展的力量源泉。在实践中,公司的精神体现为勤奋、团队、诚信、合作、敢为人先等,这是对大学生职业素养的一项最基本的要求。所以,大学生只有具备较好的职业素养,才能把自己所具备的工作能力转变为创业能力,以此提升自己的创业成功率。

(三)促进校企深度合作,搭建创业创新平台

创新创业教育需要利用创业实践的服务平台,通过实践环节磨炼学生意志,铸就良好品格。创新创业教育已成为高校教育的重要组成部分,其目的是培养学生的创新创业意识和能力,进一步提升学生的综合素质和职业竞争力。在这个过程中,创业实践的服务平台是不可或缺的。

创新创业教育的服务平台由"校内"和"校外"平台组成,需重视加强校企的深度合作,构建创业创新的"共同体"。这个"共同体"是指高校、企业和政府之间的紧密合作,共同推动创新创业教育的发展。在校内平台中,高校可以利用自身的资源优势,搭建创新创业的教育平台,

为学生提供必要的创业培训、创业导师等支持。在校外平台中,高校可以与企业进行合作,签约学生就业创业基地,使学生能够真实地接触社会环境、了解社会发展,从而获得社会经验,提高自身的职业素养。在这个过程中,高校可以根据学生的兴趣和特长,与企业合作,为学生提供更为贴近实际的创业实践机会,帮助他们更好地掌握创业技能和创业精神。

创新创业教育平台的顺利开展需要得到外界的支持,高校应加强与企业的互动,帮助更多的学生在企业获得社会实践机会,获得企业家对学校创新创业教育的赞同和支持。在这个过程中,高校可以与企业开展多种形式的合作,例如举办创新创业大赛、组织企业参观和交流等,加深学生对创新创业教育的认识和理解,为学生提供更多的实践机会和资源支持。

具体来说,促进校企合作,搭建创业创新平台可从以下几方面入手。

第一,建立校企合作创新创业实践基地。这是促进学校与企业深度合作的重要举措,这种合作模式可以共同打造成功的教育案例,为学生提供更多实践机会。学校应该积极与企业进行沟通交流,推进与企业用人部门的合作,建立联合培养创新创业人才的模式。这种模式可以让学生通过与企业的合作,更好地了解企业的需求,掌握实践技能。

第二,学校创业指导教师应经常进入企业进行调研,效仿企业机制,探索不同形式的实践基地,以培养学生的创新创业能力。这种模式可以让学生更加深入地了解企业的运营机制,学习企业的运营策略,获得实际操作的机会,提高自己的创新能力。

第三,加强社会多方力量的参与和配合,建立创新创业教育服务网站,发布企业招聘实习生的通知,提供创业政策咨询,推送创业商机等,可以为学生提供更多的创业机会和资源,帮助他们更好地了解市场和行业动态。鼓励、指导、帮助具有创业想法的学生,在寒暑假期间与社会对接,参与个别投资较少、风险较低、见效较快的创业项目,可以让学生更好地锻炼自己的创新能力和创业精神,同时也可以帮助学生更好地了解市场和行业情况,增强他们的创业意识。

(四)注重个人能力提升,激发创业创新热情

高校特别是应用型大学的创新创业教育,其目的不是培养学生成为"老板"或如何成为"老板",也不是传授创业知识和技能,而是要使创新

创业教育成为培养学生精神、能力、素质的过程。换句话说，创新创业教育旨在培养健全人，即培养学生的事业心、创新精神、独立人格、学习能力、生存和发展能力、机会意识。这些能力丰富了学生的职业素养，对于学生发展有极其重要的意义。

1. 具备一定的基础知识及经营技巧

大学生开展创业活动，通常是在其所学的基础上进行，也要求对该产业有一定的了解。所以，在进行专业课的学习的同时，还需要对与该专业有关的企业家的出发点进行深度的思考，并在课余的时间里收集数据，对这个产业的发展予以关注，为将来的商业活动预先做好准备。一个人要想成为一名成功的创业者，除了要有激情、要有风险意识外，还要懂得一些商业运作的方法和技巧。学生应当按照自己的需求，选修与创业相关的商业管理课程，并拥有必备的商业管理知识，从而为自己的创业奠定良好的基础。

2. 加强自主创新创业动机及诚信观念，提升其自主创新创业的能力

文化知识、专业知识、创新创业知识是开展创新创业的基础，因此要注重对有关知识的学习和积累，提升自己的综合素质。运营一个公司牵扯到很多因素，而诚信意识是其中最关键和最基础的素质，因此，大学生创业者应当对诚信有深入的了解和铭记，只有做到这一点，才能取得持久的成功。

3. 主动参与各类创新创业、科技创新活动

创新创业活动可以分成两种类型：一种是校内，另一种是校外。在校园中，大学生可以有选择地参与到由高校组织的创新创业沙龙、创新创业论坛中去，也可以参与到由高校组织的创业活动中去，也可以参与到与企业合作举办的创新创业活动和科技创新项目中去。在校外，大学生要积极申报省级和国家级的大学生创新创业计划，积极参与到互联网＋和挑战杯这样的创新创业比赛中去，通过这些比赛来获得更多的经历，从而让自己的创新创业能力得到提升。

四、丰富社会实践经历

（一）引导学生参与社会实践

通过社会实践,能够促进高校学生专业角色的提高。在还没有踏入工作岗位的时候,他们的社会角色相对来说是简单的,而在他们踏入工作岗位之后,他们将面对多种角色,他们必须学习如何观察自己的言行举止。例如,企业在面对同类员工时,在面对不同类型客户时,在面对上级领导时,如何应对? 在这一过程中,大学生能由"旁观者"转变为"参与者"。通过实习,使学生更接近于社会系统,更好地进行自己的角色转换。通过社会实践,可以提高大学生的创造能力。"创造"是时代发展对人的需要。在此基础上,提出了一种"以人为本""以物为本"的教学模式。同时,创造性的思考又在实际操作中得以表现,从而使学生的创造性增强。

1. 要引导大一新生参与社会实践活动,走好职业生涯规划第一步

随着高等教育的不断普及,大学生的数量也在迅速增加。然而,大学教育并不仅是为了获得文凭,更重要的是为学生提供全面的发展和成长机会。在这个过程中,参与社会实践活动是至关重要的。

对于大一新生来说,适应大学生活可能是一件困难的事情。因此,学校应该积极引导新生参与社会实践活动,帮助他们更好地适应大学生活。通过参与社会实践活动,学生可以扩宽自己的视野,增强自己的社会责任感和团队合作能力,同时也可以结交更多的朋友。学校对此应该积极加以引导,让学生明白学习的真正目的是创造价值,并发挥自己的主观能动性。

2. 引导学生树立正确的实践观,做与专业相关的实践工作

目前部分学生在选择社会实践的时候首要考虑的报酬,而不是选择与所学专业相关的工作。这种实践观念,过于重视经济利益,忽视了实践的本质,即巩固和提高学生的专业理论知识和专业技能。学校要引导学生树立正确的实践观,在实践中提高专业素养,寻找发展的机会。

（二）用正确价值观制定职业生涯规划

在大学中，学校应重视培养学生正确的职业价值观，并引导他们用这种价值观来制定职业生涯规划。职业价值观是人生观的一部分，也是指导我们制定职业生涯规划的重要因素之一。为此，学校需要关注以下三个环节。

首先，在课程设置上，学校应将职业指导和入学教育相结合，帮助学生快速适应大学生活的同时，加强职业素养教育，以职业认知和职业道德为基础，让学生了解他们所选择职业的要求，从而朝着明确的目标努力。

其次，在课程设计中，需要体现职业素养培育的任务，将职业素养的培养融入课堂教学的全过程。专业课教师可以通过介绍与专业领域相关的内容，如与企业发展相关的分析、企业文化背景以及就业市场对所需人才的职业素质要求等，增强学生对职业的了解。同时，教师也可以进行个人素质能力测试，帮助学生进行自我评估和正确认识自己，发现自身的特长。这样可以将个人特性与职业岗位进行匹配，指导学生根据匹配度来制定职业规划，从而提高学生对专业学习的积极性和对职业的兴趣。

最后，在德育教育中，学校应将大学生的职业价值观融入其中。学校需要引导学生树立正确的价值观，加强他们对社会主义、爱国主义和集体主义的教育，克服享乐主义和个人主义，使他们能够用正确的职业价值观来制定职业规划，成为社会主义现代化事业的支持者和建设者。

第八章

大学生礼仪素养研究

第一节 礼仪素养概述

一、礼仪与礼仪素养

（一）礼 仪

礼仪，是人类社会文明发展的重要组成部分，包含了"礼"和"仪"两部分。在《左传·昭公二十五年》中，揖让周旋之礼仅仅被视为"礼"的浅层表现形式，即"仪"，因此二者含义不同。

礼的内涵非常丰富，一方面指社会的法律制度和统治秩序，即"礼制"，另一方面指社会的道德规范，"礼者，德之基也"，还包括人际交往中的礼节以及为人处世之道。而仪的本义是法度、标准，后来也可指仪式、仪礼等。与礼相比，仪更加侧重于行为层面，是一种行为的节文。

在古代，礼的主旨是严格维护封建等级制度，而不关注人本身的价值和尊严，单单只强调等级的差异。因此，在古代社会中，礼是被用来稳固社会关系和秩序的根本制度。

在现代社会中，礼仪的含义已经发生了很大的变化。人们不再仅仅关注等级的差异，而是更加注重人与人之间的平等和尊重。礼仪是人们表达尊重、友好和谦逊的方式之一。现代社会的礼仪，是指人们在日常生活和社会活动中所遵循的行为规范，是在人际交往中逐渐为大家共同认可、自觉遵循和沿用的一种行为方式。从最初的零散规矩和习惯，到逐渐上升为口头语言、书面文字和身体动作准确描述和规定的行为准则，礼仪已经成为一个整体，成为大众有章可循的行为规范。

现代社交礼仪已经涵盖了礼貌、礼节与仪式、仪容仪态等多个方面，属于道德范畴。现代礼仪更强调将"人"的需求、尊严作为核心，关注人与人之间情感的互动，注重社会公平、社会关系的和谐。人们在社会交往中的行为举止、言谈举止、服饰装扮等方面都需要符合一定的礼仪规范。例如，在商业场合要注意言行得体、不要冒犯他人，穿着得体，不要过于夸张或暴露；在社交场合要注重礼貌和尊重，注意交流沟通，不要扰乱他人。

随着信息技术的发展，人们的社交方式也在变化，社交礼仪也随之产生了新的变化。例如，在社交媒体上的言行举止也需要注意礼仪规范，不要发布过于个人化的信息或攻击性言论，不要侵犯他人的隐私。同时，随着文明城市和文化旅游的不断推进，旅游礼仪也成了必要的社交礼仪之一，游客需要遵守当地的文化习俗和规矩，尊重当地的风俗习惯，不要损害当地的生态环境和文化遗产。

总之，礼仪是人类社会发展的必然产物，是人们在社会交往中必须遵循的基本规范。现代社交礼仪强调尊重和关注人的需求、尊严，注重社会公平和社会关系的和谐，是建立和谐社会的必要条件之一。

（二）礼仪素养

素养强调的是后天的学习和锻炼的结果，是一个人综合素质的体现。其中，礼仪素养是综合素养的非常重要的一部分，它指的是个人根据一定的礼仪规范和原则的要求，通过接受教育培养和自我锻炼改造，最终提升自身认识、精神以及行为水准。

在现代社会中，礼仪素养的重要性不言而喻。它可以让我们养成良好的文明习惯，提高自身的修养和美德，以达到更高境界的礼仪品质。礼仪素养涉及一个人的外在表现和内在修养，它可以体现出一个人的人格魅力和社会价值。在日常生活中，礼仪素养可以让我们更好地与人相处，增强彼此之间的尊重和理解，以及加强社会团结和和谐。

提高礼仪素养需要长期的学习和实践。我们需要了解礼仪规范和原则，学会如何与人相处，如何表现自己；我们需要注重自身的修养和精神境界，从内而外地提升自己的素质；在日常生活中，我们需要时刻保持良好的习惯和态度，不断提升自己的礼仪品质。

二、礼仪素养的组成

（一）礼仪知识

礼仪知识是礼仪素养形成的基础。礼仪是一种文化现象，它是人们在社会交往中表现出来的一种规范行为。礼仪知识作为礼仪素养的基础,可以帮助人们更好地了解礼仪的重要性,并理解礼仪的内涵。礼仪知识包括礼仪的基本原则、礼仪的基本流程、礼仪的基本规范等方面的内容。这些知识的掌握可以帮助人们在社交场合表现得更加得体、得体,并且更好地维护自己的社交形象。

礼仪知识虽然抽象,但同样是人类知识构成的一个重要环节。它是人类行为的一种规范,是人们在日常生活中必须遵守和执行的一种标准。如果人们忽略了对礼仪知识的了解和研究,就会导致"高文凭、低素质"的现象。因此,重视礼仪知识的学习和研究对于提高社会人员的素质和修养具有重要的意义。

重视礼仪知识的学习可以对规范的礼仪行为有更深刻的认识,了解不同场合的礼仪差异,并且能够提升礼仪素养。礼仪知识的学习需要以人文、社科知识为依托,理解社会关系是学习礼仪知识的重要前提。礼仪知识的学习需要通过阅读、观察、实践等多种方式进行。通过学习礼仪知识,人们可以更好地理解社会关系,从而更好地进行社交,提高社交能力。此外,通过学习礼仪知识,人们还可以更好地了解历史文化,增强文化自信心,提高国家文化软实力。

(二)礼仪精神

在社会交往中,礼仪精神指一个人将礼仪知识内化后形成的自觉的礼仪意识。礼仪精神的重要性不言而喻,它能够反映一个人的礼仪风貌,好的礼仪精神能赢得他人的信任和认可,是实现自我尊重的需要。

礼仪精神表现为保持对礼仪的关注和敏感性,具备正确的礼仪价值取向和能够识别礼仪和非礼仪的行为。这种意识是由人类对自我尊重的需求而来,它是人类与动物最大的区别之一。礼仪精神主要源于人的道德和精神层面,它的内在支撑是人类对自己的尊重和尊重他人的需求。

礼仪精神是礼仪素养的内在核心,它不仅是一种表面的行为,更是一种深层次的意识和素养。当一个人具备了良好的礼仪精神,他的言行举止都会符合社会的规范和要求,从而可以在一些重要场合表现得更加得体,更加得到他人的重视和信任。

(三)礼仪行为习惯

礼仪行为习惯是礼仪素养的外部体现,它体现了"素养"一词的"技巧""能力"之意。礼仪行为不是简单的形式主义,而是需要一定的技巧和能力。在社交场合中,人们需要了解场合的性质、对象的身份、地位,以及行为的适宜性和得体性等,才能做出恰当的礼仪行为。

良好的礼仪行为习惯应该表现为发自内心尊重和善待他人、拥有律己自控能力、懂得"度"与节制,行为仪态始终做到端庄大方。礼仪行为习惯不仅是一种形式上的表现,更需要从内心发出尊重、真诚和善意的态度。同时,良好的礼仪行为也需要自律和自我控制的能力,对自己的言行举止要有严格的要求,使自己始终保持端庄大方的仪态。此外,懂得"度"与节制也是良好的礼仪行为的重要体现。在社交场合中,不要过分张扬,也不要过分收敛,要做到恰到好处,让人感到舒适自在。

第二节　大学生礼仪素养培育的意义

一、完善大学生人格形象的途径

大学生的礼仪素养培育是完善其人格形象的重要途径。

首先,通过加强对大学生的礼仪素养培育,可以提升他们的道德修养。礼仪是道德品质和信念的外在表现,能够引导人们遵守正确行为规范,增强人们的道德信念。

其次,在智育方面,大学生通过学习礼仪理论,可以丰富自己的礼仪知识。礼仪知识的分类非常广泛,包括校园礼仪、生活礼仪、职场礼仪以及社交场合的礼仪等。掌握这些理论知识可以帮助大学生建立相关的理论体系,优化思维方式。只有建立了正确的礼仪知识背景,才能更好地应用知识和技能,更好地融入社会生活。

再次,礼仪素养的培育有助于大学生保持良好的心理状态。追求礼仪素养使大学生懂得尊重和真诚待人的重要性。只有与周围的同学、同事、家人和朋友建立良好的关系,不被孤立,才能保证心理的健康发展。

最后,礼仪素养的培育还可以引导大学生追求审美层面的完善。礼仪学者埃米莉·波斯特认为,礼仪的作用在于遵循美的规律,创造美的人生。当大学生正确理解优雅大方的礼仪行为时,才能将周围世界塑造成一个充满乐趣、带给人享受的环境。

二、愉悦大学生交际生活的纽带

作为社会性动物,人类离不开社会,而礼仪则是沟通人与人之间心灵的桥梁。在人际交往中,礼仪是一种非常重要的表现形式,它不仅可以为人们缓解紧张的气氛,还可以增强人与人之间的信任和友谊。因此,对于处于大学集体生活中的学生来说,学习礼仪知识,了解礼仪行为和禁忌,遵循互相尊重、真诚友爱、言行适度的原则,规范交际行为,是非常必要的。

良好的礼仪素养对大学生具有重要作用。首先,良好的礼仪素养可以帮助大学生理解和承担社会责任,确立积极目标,努力学习和工作,发挥自己的才能,成为有用之才。其次,良好的礼仪素养可以让大学生更好地融入集体生活,建立良好的人际关系,避免不必要的矛盾和纷争。最后,良好的礼仪素养还可以让大学生在未来的职场中更加得心应手,表现出良好的职业素养,增加职场竞争力。

因此,礼仪素养的培养对当代大学生来说十分必要。大学生应该重视礼仪教育,积极学习礼仪知识,注重自身的言行举止,尊重他人,遵守社会公德,形成良好的社会形象和习惯。

三、促进大学生社会化的需要

大学生社会化的过程中需要学习许多东西,其中礼仪教育是必不可少的行为教育之一。在公共生活中,自觉地遵守社会礼仪规范的人被认为是成熟的人,符合社会要求。相反,如果一个人不能遵守社会生活中的礼仪要求,就会被视为缺乏修养,可能受到人们的排斥。

大学生怀揣着强烈的走向社会的渴望,但同时也存在一些心理困惑,例如,如何与领导、同事打交道,如何塑造自我形象,如何建立良好的人际关系等。通过学习礼仪,大学生可以掌握符合社会要求的各种行为规范,学会如何进行人际交往,如何与来自不同文化背景的人打交道。这样,在不断变化的环境中,他们能够游刃有余,并充满自信地与人交往。这将有助于促进大学生的社会化,培养他们适应社会生活的能力。

四、弘扬中华传统美德的需要

中华传统美德是在几千年的生产和生活实践形成的,是中华文化的精髓。作为中华传统美德的重要组成部分,礼仪在国民道德建设中具有重要作用。我们的祖先留下了许多优秀的礼仪,如互相尊重、尊老敬贤、慎独自律、诚信修睦等。通过传承和弘扬中华传统美德,可以提高人们的道德水平,增强民族凝聚力。

然而,需要注意的是,传承和弘扬传统礼仪时,需要运用马克思主义的立场方法,审慎甄别,取其精华而去其糟粕,并结合时代特色进行创新。例如,传统礼仪中的一些内容,如"三跪九叩""男尊女卑""崇拜鬼神"等,在当代社会已经不合适。

无论如何,我们应该认识到,中华优秀传统文化中许多思想理念和道德规范无论在过去还是在现在,都具有永不褪色的价值。尽管传统礼仪中的某些形式在当代看来不合时宜,但其内在的核心精神是永远不会过时的。

五、促进社会主义精神文明建设的需要

礼仪修养是社会主义精神文明建设的基本内容之一,也是大学生思想政治教育的重要方面。中共中央、国务院发布的《关于进一步加强和改进大学生思想政治教育的意见》中明确指出了加强大学生道德教育的任务,包括引导大学生遵循基本道德规范,其中就包括明礼诚信。

讲礼仪、重修养是社会文明的体现,倡导礼仪教育和培养大学生的礼仪素养是构建和谐社会的必然要求。如果每个人都注重礼仪,社会就会充满和谐与温馨。学习礼仪的根本目标是教育引导大学生自觉遵守社会主义礼貌道德规范和相应的礼仪形式,增强他们的文明意识,培养他们文明做事的良好习惯,形成良好的社会风尚,使人与人之间、人与社会之间达到高度的和谐与有序。通过这样的努力,可以推动整个社会精神文明的进步。

第三节 大学生礼仪素养培育的主要内容

一、礼仪基本理论教育

礼仪教育在人类社会中具有重要的地位和作用。礼仪教育是针对人们的言行举止、交往方式、仪态仪表等方面进行的教育。礼仪教育离不开基础知识和基本理论的传授，其理论基础非常丰富，并且教育内容之间也有着一定的逻辑关系。

礼仪是一门指引人类实践认知的具体课程，其内容来源于日常生活，又高于日常生活。礼仪教育如果仅靠理论灌输是没办法让大学生从心底产生共鸣的，进而无法让他们从内心深处产生对礼仪的重视，也就无法达到应有的效果。因此，对当代大学生进行礼仪教育，必须先从理论知识开始。通过对礼仪基本理论的传授，让他们将理论内化于心，从而外化为良好的礼仪行为。礼仪的基本理论主要包括礼仪的内涵、发展历程、与其他人和事物之间的关系、对个人的作用及其引导功能等，这些基本问题构成了礼仪的基本理论，是我们首先要厘清的基本概念。

在大学生礼仪教育中，要注重实践，注重理论与实践相结合。只有通过真实的实践，才能让学生更好地理解和掌握礼仪知识，形成良好的礼仪习惯。同时，还要注重培养学生的礼仪意识，提高其社交能力和自身修养，使其在社会生活中更加得心应手。

二、礼仪具体规范教育

礼仪具体规范教育是为了使大学生增强自身明礼意识，掌握良好的礼仪规范，形成良好的礼仪习惯。

大学生礼仪具体规范教育大致包括以下内容。

（一）大学生公共礼仪

公共礼仪是大学生必须遵守的礼仪行为规范，涉及学习、出行、运动娱乐、参观游览等方面。在公共场所，大学生应该注意言辞举止，尊重他人的权利和感受，遵守公共秩序和规定。这不仅是大学生应有的基本素质，也是社会公德和文明礼仪的具体体现。

在学习方面，大学生应该注意遵守课堂纪律和学术道德，不弄虚作假、作弊抄袭等；在出行方面，大学生应该遵守交通规则，不乱扔垃圾，不破坏公共设施等；在运动娱乐方面，大学生应该注意安全、文明和健康，不打闹、不喧哗、不践踏草坪等；在参观游览方面，大学生应该尊重历史和文化，不乱涂乱刻、不随意破坏文物古迹等。

公共礼仪规范主要靠大学生的自我约束来控制自己的行为。在大学生的成长过程中，家庭教育和学校教育都需要加强对公共礼仪的教育和引导。同时，大学生也需要自觉地加强自我修养，提高自我意识和文明素质，不断提升自己的道德水平和社会责任感。

大学生应该重视和加强公共礼仪修养，表现出应有的风度，成为高素质的公民。

（二）大学生社交礼仪

在人际交往中，社交礼仪是一种规律，是人们相互之间行为的指引。在大学生的社交场所中，社交礼仪更是必不可少的。因此，大学生需要掌握社交礼仪规范，以便在社交场合中更好地展示自己的素质。

大学生的社交场所有很多种，包括学生组织、社交聚会、社交网络等。在这些场所中，大学生需要遵守一定的社交礼仪规范。首先，要注意自己的仪表和言谈举止，保持礼貌和谦虚；其次，要注意与他人的交流方式，尊重别人的意见并表达自己的观点，避免冲突和争吵。同时，还要注意礼仪的细节，如礼仪用语、礼品赠送等，以展现出自己的教养和修养。

社交礼仪对人际关系的重要性不容忽视。在人际交往中，礼仪可以增强人与人之间的沟通和联系，有助于建立良好的人际关系，尤其是在职场中，社交礼仪更是关系到职业生涯的发展。一个懂礼仪的人，可以更好地处理人际关系，提高自己的工作效率和职业素质。良好的人际关系可以帮助大学生更好地获得他人的支持和帮助，拓展自己的人脉资源。同时,也可以提高个人的自信心和社交能力,为未来的发展打下坚实的基础。

(三)大学生求职实习礼仪

实习是为以后更好地求职打下一定的基础。对于大学生来说,实习是一种非常重要的学习方式。通过实习,大学生可以更好地了解企业的运作模式和工作流程,增加经验和技能,提高专业素养。此外,实习还可以帮助大学生了解自己的职业规划和方向,为以后的就业打下基础。

求职除了需要具备高等学历和理论知识外,还需要具有实践能力。在求职过程中,企业最关注的是应聘者的能力和实践经验。高等学历和理论知识固然重要,但在实际工作中,应聘者需要具备实际操作能力、沟通协调能力、团队合作能力等。因此,大学生在求职前应该通过实习和社会实践等方式增加自己的能力和经验。

小事反映一个人的基本素养,展现一个人的本质。在求职过程中,企业会通过一些小事来了解应聘者的基本素养和品德。例如,应聘者是否准时到达面试地点,是否礼貌待人,是否有积极的工作态度等。这些小事反映了应聘者的基本素养和品德,也展现了应聘者的本质。

大学生求职实习礼仪包括语言规范、着装规范和行为规范等。在求职和实习过程中,大学生需要注意自己的言行举止,遵守求职实习礼仪。语言规范包括避免使用粗口、注意礼貌用语等;着装规范包括穿着整洁干净、避免过度张扬等;行为规范包括不打手机、不跷二郎腿等。这些礼仪规范可以让企业对应聘者产生好的印象,提高应聘者的竞争力。

在实习和求职的过程中,大学生需要不断学习和提高自己的礼仪素养。这不仅可以提高个人的竞争力,还可以增加个人的专业知识和自我修养,为以后的职业发展打下坚实的基础。

(四)大学生个人礼仪

大学生个人礼仪指的是每一个大学生在平时人际交往的过程中自身应具有的礼仪规范。大学生个人礼仪大致包括:大学生仪容仪表礼仪、大学生仪态礼仪以及其他举止仪态。大学生保持个人礼仪,就是要在人际交往中尽可能地塑造出完美的个人形象,从而展现自身朝气蓬勃、积极健康的精神风貌。

三、礼仪实践养成教育

在当今社会,礼仪是人们在日常生活中必须遵循的基本规范,也是衡量一个人教养和品德的标准之一。而对于大学生来说,良好的礼仪习惯显得尤为重要。

在礼仪教育过程中,最不可忽视的是大学生的礼仪实践养成教育。只有通过实践,才能真正地将礼仪知识内化为自己的行为习惯。培养优良的礼仪习惯需要从小事做起,从点滴养成。比如,从穿衣打扮到用餐礼仪,从社交场合到上课表现等方面,都需要注意自己的行为举止。

良好的礼仪习惯的养成需要依赖于自身克服坏习惯的决心和毅力。只有有足够的意志力和毅力,才能真正地把礼仪习惯养成为自己的习惯。同时,大学生应当在日常学习和生活中亲身体会和感受守礼的好处,比如,在面试、交友、求职等方面,良好的礼仪习惯可以帮助自己更好地表现出自己的优点和能力。

只有通过不断修炼和培养,才能更好地养成文明意识,用礼仪净化心灵,用良好的礼仪素养感化旁人,用自身的人格魅力征服别人,得到他人的敬仰。

第四节　大学生礼仪素养培育的路径

一、强化高校礼仪培育理念

（一）增设礼仪课程内容

1. 根据礼仪类型设置相应课程内容

在现代社会中,礼仪教育越来越受到人们的关注。尤其是在学校教育中,礼仪教育被视为一门必要的课程,可以帮助学生在各种场合下表现得更加得体。为了实现这一目标,根据不同的礼仪类型,设置相应的课程内容是非常必要的。

在学校礼仪方面,侧重于教授师生礼仪、课堂礼仪、校内活动礼仪等内容。这些都是学生在校园中必须遵守的基本规则,也是培养学生良好习惯的关键。在课堂上,学生需要学习如何正确地回答教师的问题、如何与同学交流、如何保持课堂秩序等;在校内活动方面,学生需要学习如何参加学校的各种活动,如何行为得体、穿着得体等。

对于职场礼仪,主要关注求职简历的编辑、相关知识准备、求职着装、言行举止等内容。在现代社会中,求职是每个大学生必须面对的一项重要任务。因此,了解职场礼仪对于大学生来说至关重要。大学生需要学习如何撰写一份优秀的简历、如何做好相关知识准备、如何选择合适的求职着装以及如何在面试中表现得自信得体。

生活礼仪则涵盖了日常交往、长辈晚辈交往等方面的礼仪内容。对于大学生来说,这些礼仪内容与他们的生活息息相关。大学生需要了解如何在正式场合下使用餐具、如何与陌生人交谈、如何与长辈晚辈交流等。

政治礼仪是一种非常重要的礼仪类型。在国际政治交往中,大学生需要了解怎样的言行举止才符合国家和民族的形象,需要学习如何在国际交往场合中表现得得体、自信,并彰显大国风范。

礼仪的细化分类应考虑不同场合、不同行为的需要,在课程开设上应分层教学。这样能够让学生更好地理解和应用不同类型的礼仪内容,提高他们在各种场合中的表现能力,树立自信心。

2. 礼仪培育内容应汲取传统礼仪的养分

中华优秀传统礼仪文化博大精深,源远流长。其不仅是中华民族的精神财富,也是中华民族文化的瑰宝。党和国家日益重视优秀传统礼仪文化及其伦理思想的宣传和教育,这是建设中国特色社会主义文化的必要选择。

传统礼仪文化是使民族文化保有生命力的必然要求,也是建设中国特色社会主义文化的必然选择。继承传统礼仪既是提高社会文明程度的需要,也是构建和谐社会的需要。传统礼仪文化仍然是我们最本真的精神家园,因此传承中华优秀传统礼仪文化是我们的责任。我们应该在日常生活中坚持传统礼仪,传统文化中的"仁爱""敬人""适度"等原则依旧适用于当代人际交往。在现代社会,人们需要更多地关注人与人、人与社会之间的关系。当代大学生作为社会主义事业的接班人,不应丢祖忘本,而应该返璞归真,探寻传统文化中的真与美。

3. 高校礼仪培育内容应具有国际视野,与时俱进

在现代社会中,人们之间的交流变得更加频繁和广泛。无论在商业、文化交流中,还是在个人交往中,礼仪行为都扮演着至关重要的角色。礼仪行为是一种文化传统,它代表着一个民族或地区的社交规范和习惯。在跨文化交流中,礼仪行为可以作为一种免于翻译的"世界语",使人们更容易地理解和接受不同文化间的差异。

作为高等教育机构,大学应该为学生提供更广泛的教育,包括传授各国优秀礼仪文化。这不仅可以增强学生的跨文化交际能力,还可以使他们在未来的工作和生活中更好地融入国际社会。在课程设置上,可以开设相关的文化课程,讲解不同民族、地区的爱好和礼仪禁忌,让学生更好地了解和尊重不同文化间的差异。

大学生是未来社会的中坚力量,他们的礼仪行为也反映了社会的文明程度,因此他们应该掌握各种交往环境中的礼仪行为,包括商务场合、社交场合、家庭场合等。这不仅可以提高他们的社交能力,还可以增进他们的职业竞争力和人际关系。

4. 高校礼仪培育还要和心理健康教育相结合

随着社会发展,社会结构变得越来越复杂,这也使得当代大学生面临前所未有的压力。大学生需要面对的挑战不仅包括学业上的竞争,还有来自社会和个人方面的种种压力。因此,为了让大学生更好地应对这些压力,礼仪教育成为一种重要的教育方式。

礼仪教育不仅是传授规范和技巧,更重要的是能够加强学生心理素质。在现代社会,礼仪不再只是一种形式上的规定,更是一种心态和态度的表现。学生通过学习礼仪,可以提高自己的修养和素质,增强自信心。同时,礼仪教育还能够培养大学生良好的交往能力,让大学生更好地与人沟通和合作。

礼仪教育和心理健康教育的结合,更能够达到良好的教育效果。在实际操作中,礼仪教育和心理健康教育可以教育大学生如何控制情绪,更好地表达自己,发展良好的交往关系。通过这种方式,不仅能够提高大学生的心理素质,同时也能够增强他们的自我认知和自我管理能力。

在这个过程中,大学生能够更好地理解自己和他人,更好地解决个人和集体关系等方面的问题。

（二）拓宽礼仪培育渠道

部分高校对大学生开展礼仪培育的方式仍停留在传统的教师单一授课、学生死板接受层面上,所以,拓宽礼仪培育渠道势在必行。

1. 礼仪课程形式设计上从选修向必修转变

以往,高校的礼仪课程通常被设置为选修课,导致学生们对于这门课程的重视程度不高。很多学生抱着"混学分"的心态选课,经常逃课旷课,导致课程效果不尽如人意。为了改变这种情况,在开设礼仪课程时,学校应该根据时代要求和高校办学地域等特色,针对不同专业、不同年级设置具有特色的礼仪必修课。例如,在国际贸易专业中,可以设置国际商务礼仪课程;在医学专业中,可以设置医学礼仪课程。

学校应该将学生的礼仪素养培育放在同专业能力同等重要的位置。学生在学习专业知识的同时,也应该注重培养自己的礼仪素养。

除了必修课程之外,学校还可以开设附加的选修课,拓展学生的礼仪知识面。例如,在学习国际商务礼仪课程之后,学生还可以选修国际礼仪文化课程,这样可以让学生对于礼仪知识有更加全面的了解。

最后,学校对于礼仪素养的培育应该予以足够重视,严格考核。只有这样,相关课程才不会再成为混学分的"水课"。

2. 在授课方式选择上可以多样化

首先,教师可以通过举反面例子的方式来教授礼仪知识。这样可以让学生更加清楚地认识到不文明行为所带来的后果。例如,教师可以给学生讲述一些不文明行为的故事,让学生深刻地感受到这些行为所带来的负面影响。通过这种方式,学生能够更加深入地理解礼仪的重要性,从而更加积极地学习礼仪相关知识。

其次,采用"情感教学法"也是一种有效的方法。这种方法可以激发学生的情感需求,引发共鸣,从而促进礼仪知识教学活动的积极进行。例如,教师可以让学生分享他们曾经遇到过的礼仪问题,或者让他们讲述自己对礼仪的理解和认识。通过这种方式,学生能够更加深入地掌握礼仪知识,并且将其应用到实际生活中。

最后,通过设置相关情景,让学生参与礼仪的模拟,也是一种非常有效的教学方法。通过模拟真实情境,学生可以更加深入地理解礼仪的应用方法,从而加深对礼仪知识的认识。例如,教师可以组织学生参加一场模拟婚礼,让他们在模拟中学习如何正确地行礼、如何穿着得体等礼仪知识。通过这种方式,学生能够更加深入地掌握礼仪知识,并且能够在实践中不断地提升自己的礼仪素养。

3. 在专业课程指导的基础上,要创新大学生礼仪实践形式

大学生礼仪实践的途径主要有校内实践和校外实践。

校内实践是大学生接触礼仪文化的第一步。它包括以礼仪为主题的知识竞赛、辩论赛、演讲比赛、舞台演出等活动。这些活动旨在让大学生了解礼仪文化的重要性,并在参与过程中形成自我检查、互相监督的风气。同时,校内实践还可以定期开展大学生行为自查活动,评选校内文明和不文明的现象,让大学生更加深入了解什么是好的礼仪行为,什么是不良的行为。

校外实践则是大学生进一步提高礼仪素养的重要途径。通过与社会机构合作,推荐大学生去机构进行实习,让大学生在实习过程中逐渐体悟责任心的内涵和礼仪的运用。比如,大学生可以去一些高端酒店实习,学习如何为客人提供高品质的服务,如何与客人沟通,如何处理客人投诉等。这些实习经历可以让大学生更加深入地领会礼仪文化的内涵,提高大学生的沟通和服务能力。

4. 充分利用校园媒体

学校还可以充分利用校园媒体,利用学校开办的广播、校刊、校报、电视栏目、微博、微信公众号等文化载体,定期推送一些礼仪节目,制作礼仪专栏,传播礼仪知识,渲染礼仪氛围,为大学生提供正确的价值导向,推动校园文化的建设和发展。

(三)发挥礼仪榜样力量

1. 发现身边同学中的礼仪榜样

首先,学校要发现并树立学生中的礼仪榜样,他们通常在日常生活中都表现出非常好的礼仪素养,受到同学和教师的赞誉和尊重。学校通

过收集同学们的意见和建议,确定候选人名单,经过层层筛选,最终产生一批候选标兵。

其次,学校对标兵相关事迹和精神进行宣传,充分挖掘榜样精神内涵,实事求是地进行宣传。在这个过程中,要注意避免满足于对事迹的简单表述和说教式的口号发动,而要深入挖掘和传递榜样的人生态度、价值观和行为方式。

最后,学校需要注意榜样教育不能夸大,既不能过分夸大标兵的事迹和精神内涵,也不能忽略其他同学的表现和进步。学校应该通过榜样教育,引导全体学生树立正确的人生观和价值观,提高自身的素质和能力。

发挥榜样的力量不仅有助于激励学生的学习热情和进取精神,而且能够推动礼仪教育的深入开展,促进校园文化的建设和发展。

2. 塑造高校教师的良好礼仪形象

在教育工作中,教师的身份是至关重要的,他们不仅要传授知识,更要为学生树立榜样。因此,教师应以身立范,言传身教是重要工作之一,应重视礼仪培训。

教师作为学生的引导者和榜样,他们的言行举止直接影响着学生的思想和行为,因此教师的形象应该是崇高的、优雅的、庄重的。教师不仅要有丰富的知识和教学经验,更要有良好的师德师风和专业素养。通过培养具有专业礼仪素养的教师队伍,可以对大学生产生积极的影响。教师的良好师德师风是学生树立楷模的重要因素之一。教师应该始终保持良好的品德和行为,注重自己的形象和言行举止,做到一言一行符合礼仪规范。只有这样,才能赢得学生的尊敬和信任,让学生产生自觉效仿之心,教会学生如何做人、如何做事,让学生懂得尊重他人,懂得感恩和回报。

(四)完善礼仪管理制度

1. 制定大学生礼仪行为准则

在当今社会,文明礼仪已经成为一种重要的社会价值观。然而,在大学校园中,由于缺乏明文规定,大学生礼仪行为无据可依,规章制度约束力难以实现。因此,每所高校需要制定明确的大学生礼仪行为准则。

为了实现这一目标,高校可以从大学生学习生活的多方面制定相应具体的礼仪准则。具体而言,可以从课堂、宿舍、食堂、图书馆等方面入手。例如,在课堂上,学生应该保持安静,不应该随意交头接耳或者玩手机;在宿舍中,学生应该保持整洁,不应该随意乱扔垃圾或者影响室友的休息;在食堂中,学生应该保持文明餐桌礼仪,不应该随意插队或者浪费食物;在图书馆中,学生应该保持安静,不应该在图书馆中大声喧哗或者打电话等等。

为了监督大学生文明礼仪的落实,可以成立文明礼仪督察队等,通过巡视、检查等方式,帮助监督大学生文明礼仪的落实,使规章制度的约束力得以实现。

2. 实施机制约束

首先,应该将礼仪规范加入校规校纪中,让学生在校园内遵守礼仪规范,进一步提高他们的礼仪素养。同时,应该建立奖惩机制,对于遵守礼仪规范的学生给予表扬奖励,对于违反礼仪规范的学生进行惩罚。礼仪践行主要依靠自觉,需要加强约束,让学生自觉遵守礼仪规范。当然,采取一定的惩罚措施未尝不可,让大学生知道失礼是需要花费成本的。

其次,应该将礼仪素养考核纳入学年综合测评标准。这样,学生在日常生活中会更加重视自己的礼仪行为,进一步提高自己的礼仪素养。同时,为了让大学生的礼仪行为有具体指导,学校可以开设礼仪培训课程,让学生了解礼仪规范和行为准则。通过这些培训,大学生可以更好地了解礼仪规范,并且将其应用到实际生活中。

最后,敦促大学生养成良好礼仪习惯。不仅要在学校内遵守礼仪规范,还要在生活中积极践行,使自己成为一个有素养的人。

3. 加入教师培训机制

高校为培养出具有专业礼仪素养的教师队伍,也可以考虑在规章制度中加入对教师培训机制的要求,规定教师礼仪培训开展的定期性、专业性和严格性,以此来规范礼仪培训过程,帮助提升教师队伍的整体素养,真正树立优秀的师德榜样。

二、营造大学生礼仪素养培育校园文化氛围

（一）开展礼仪活动

引导大学生树立健康文明的形象,弘扬中华民族优秀的传统礼仪文化,可以通过丰富多彩的礼仪活动来展开。这些活动不仅可以引起大学生的好奇心,调动他们的积极性,还可以提高他们的礼仪素养和社交礼仪能力。其中,举办各种主题的礼仪风采大赛是一种很好的方式。通过这种比赛,更多的大学生可以有机会展示自己,树立健康文明的大学生形象,同时弘扬中华民族优秀的传统礼仪文化。此外,可以举办各种主题的礼仪知识竞赛、演讲比赛和辩论赛,提高大学生对礼仪文化的认知水平,并且锻炼他们的表达能力和思维能力。也可以成立相关社团、协会,组织开展礼仪活动。这些团体可以定期举行交际技巧培训、礼仪文化讲座等活动,帮助大学生提高社交礼仪能力,弘扬民族之礼。每一所高校都应该致力于打造自己的校园礼仪文化品牌。通过丰富多彩的校园礼仪活动,让师生在其中提升自己的礼仪素养,提振自己的精气神。

（二）增设学术讲座

学术讲座可以增进大学生的知识积累,拓宽大学生的眼界,开阔大学生的思维。相较于传统课程,学术讲座具有形式更加丰富、内容精练浓缩的特点,可以让大学生在短时间内获得更多的知识和启示。

名家讲座不仅能够传递知识,更能够为大学生提供一个与名家近距离接触互动的平台,促成情感交流。在讲座中,名家们不仅能够深入浅出地讲解学术理论,还会分享自己的经验和见解,让大学生们从中受益匪浅,激发大学生的思考和创新能力。

大学生礼仪素养的培养除了让大学生参与礼仪讲座之外,还要让大学生从自身做起,从心底认同礼仪的价值和重要性,以便更好地树立正确的礼仪观,自觉践行礼仪,提高礼仪素养。这需要从多个方面入手,如在日常生活中注意自己的言行举止,尊重他人的感受和权利,以及在社交场合中遵守礼仪规范等。只有这样,才能在未来的职场生涯中更好地展现自己的素养和能力,获得更多的机会和成功。

（三）网络媒介引导

随着网络媒介的发展,高校教育的渠道也随之拓宽了。在实践中,我们要加强网络媒介的引导作用。

首先,利用网络媒介的特点,我们可以构建互动平台,以增强大学生礼仪素养培育的有效性。在这个互动平台上,我们可以建立礼仪热点专栏,及时发布国内外时事政治和礼仪事件,并公布相关道德法规。同时,我们还可以制作播放公益片、榜样故事纪录片,坚持正确的政治导向和道德原则。通过这些媒介,我们可以向大学生们传递正确的礼仪观念和行为规范。当然,我们也要对不文明现象进行批评,并给予大学生正确的引导,以提升其明辨真假礼仪的能力,从而督促其自觉自律地形成良好的礼仪规范。

其次,可以发布礼仪网课和礼仪小视频,以及利用抖音等短视频平台宣传礼仪知识。在制作短视频的过程中,需要注意一些要点:一是短视频应该简洁精练,直击重点,让观众一目了然;二是短视频应该幽默有趣,让观众在轻松愉快的氛围中学习。通过这些方法,可以吸引更多的人来了解和掌握礼仪知识。

另外,为了让大学生更容易接受和使用礼仪知识,可以采用系列化视频制作方式。单个视频相对独立,但可以整体串联,让大学生容易上瘾,从而更好地掌握礼仪知识。除了视频内容的制作,社交平台也可以用于线上互动。制作论坛和账号用于大学生学习和交流,可以让学生们更好地掌握和使用礼仪知识。当然,网络管理机制也非常重要。加强对网络秩序的监管,防止戾气蔓延,才能让礼仪知识的网络传播变得更加有序和健康。

文明礼仪是校园、社会健康有序发展的重要基石。只有每个人都能遵循文明礼仪,才能建立起和谐、美好的校园和社会。因此,每个大学生都应该将文明知礼作为习惯,用自己的行动去影响和带动身边的人,共同建设一个更加美好的校园和社会。

三、凸显大学生个体自我内化

在当前社会主义精神文明建设的大背景下,部分大学生的礼仪素养与之相冲突。虽然大学生接受了先进科学的高等教育,但是他们中有些人的行为举止却连基础道德水平都达不到,这给社会主义精神文明建设带来了不小的挑战。

大学生应坚持自身在教育中的主体性,时常进行自我教育,重视主体自觉自愿。在自我教育中,大学生需要认真学习礼仪知识,并将其内化,才能从根本上提升培育效果。

大学生需要实现礼仪知识的自我内化,这是一个长期而复杂的过程。首先,大学生需要认识到礼仪知识对于自身成长的重要性,明确自己需要改进的方面。其次,大学生需要借鉴他人的好习惯,积极向身边的榜样学习,从中吸取经验和教训。最后,大学生需要在日常生活中注重细节,养成良好的行为习惯,时刻提醒自己保持良好的礼仪形象。只有这样,才能实现礼仪知识的自我内化,才能真正提升大学生的素质和修养,让他们成为更好的社会主义建设者和接班人。

(一)重认知重思考

1.掌握规范的礼仪知识

在现代社会中,掌握规范的礼仪知识是至关重要的,对于大学生来说尤其如此。因此,大学生应该认识到礼仪素养的重要性,并且努力学习相应的礼仪知识。

学习礼仪知识主要可以通过两种途径:

第一,加深对传统礼仪文化知识的学习。传统礼仪文化中的精髓保留在古代典籍中,主要记载于《周礼》《仪礼》和《礼记》三部作品中。这些经典蕴含着中国几千年的礼仪文化传统,对于大学生来说,通过学习这些经典著作,可以更好地了解中国的传统文化和礼仪规范。

第二,参加国内外有关礼仪文化的学术交流会。通过参加这些学术交流会,大学生可以了解国内外各地的礼仪文化差异,学习各种场合的应对方式和礼仪规范。这对于大学生而言,不仅能够提高自身的礼仪素养,还能够拓宽视野,增长见识。

学习礼仪知识不仅可以提高自身素养,还能够对促进社会文明和谐发展起到举足轻重的作用。因为一个人的行为举止,往往代表着他所属的社会群体的形象和文明素质。因此,只有大家都能够遵守礼仪规范,才能够营造一个和谐、有序、文明的社会环境。

2.认真学习具体的礼仪规范

礼仪规范是社会对人们行为规范的制定,在不同的场合和环境,需要遵循不同的规范。比如,在正式场合中,需要注意穿着、言谈举止、礼仪用语等方面的规定。而在非正式场合中,则需要注意自己的言行举止,不得随意打扰他人。当然,大学生不应苛求标准程度,注重礼仪的内在素养。社会在不断发展进步,礼仪的标准程度也在不断变化。但是,礼仪的内在素养是不变的,它体现了一个人的修养和素质。因此,大学生应该注重内在素养的积累,包括尊重他人、乐于助人、自觉遵守规矩等方面。在大学生活中,不同的场合需要遵循不同的礼仪规范,比如在面试时,需要注意仪表、言谈举止等方面的礼仪规范;在宴请场合中,需要注意礼仪用语、礼仪动作等方面的礼仪规范,等等。因此,大学生需要了解不同场合的礼仪规范,以便在实际交往中表现得更得体、更自信。大学生可以通过阅读书籍、参加培训和练习来掌握礼仪的具体使用。阅读相关的礼仪书籍可以帮助大学生了解礼仪的基本规范和应用方法;参加相关的培训可以帮助大学生更加深入地掌握礼仪的具体使用;而通过练习,大学生可以不断提高自己的礼仪素质,从而在社交场合中更加得心应手。

3.加强对礼仪行为的审度

学习礼仪知识需要独立思考和严谨思辨。礼仪是人类社会的重要组成部分,它不仅是人类交往的基础,也是人类文明发展的重要标志。为了掌握礼仪知识,大学生需要有独立思考和严谨思辨的能力。只有通过深入思考和分析,才能真正理解礼仪的内涵和意义。

大学生需要审度并自觉辨析中华传统礼仪和西方礼仪。现代社会中,中华传统礼仪和西方礼仪并存,大学生需要自觉辨析这两种礼仪。在学习和运用礼仪时,需要根据不同的场合、不同的文化背景和不同的社会环境,有所选择和取舍。只有做到审度并自觉辨析,才能更好地适应社会和提高自身素质。

礼仪行为的审度也包括对自我主体礼仪行为的反思。大学生在学习和运用礼仪时,不仅要关注外部行为,还要注意自身主体意识和行为。只有意识到自身的行为和态度对他人的影响,才能更好地掌握礼仪,树立良好的形象。

　　大学生应该树立良好的榜样,向身边的优秀人士学习,然后回顾、检查自身的礼仪行为,及时发现并改正自身的不足之处。只有通过不断地自我反思和改进,才能不断提高自身的礼仪素质。

　　礼仪是一种文明的体现,大学生需要在学习和运用礼仪的过程中保持本心,正确看待名与利、得与失、成与败,努力克服自身的弱点和缺点,不断提高自身的素质,成为一个全面发展的社会主义新青年。

(二)重情自悟

　　礼仪情感的陶冶,是培养大学生尊重他人的真挚意愿的必经之路。情感是礼仪知识产生的催化剂,缺少真情实感的礼仪知识无法得到完美表达。因此,礼仪的本质是尊重他人,要平等待人。

　　在儒家文化中,以"孝"为端,以尊重爱戴自己的父母为起点。然而,当代大学生常见以自我为中心的思想,容易忽视对他人的尊重。因此,大学生应该在与父母的沟通相处上多些耐心、多花时间,理解父母的操劳是孝敬父母、尊重父母的前提。同时,大学生要自觉从"小家"推及"大家",将尊重推及至其他人身上。礼仪情感的陶冶不仅体现在父母关系中,也需要落实在与同学、教师、陌生人的交往中。只有这样,才能真正体现礼仪的本质,即尊重他人,平等待人。

　　因此,大学生应该注重礼仪教育,通过多方面的途径陶冶自己的礼仪情感。比如,参加社交活动、学习礼仪知识、多与人交流、倾听他人需求、尊重他人意愿等。只有这样,才能真正成为一个有礼貌、有情感、有思想的人。

　　在大学生活中,我们要学会尊重自己,不能放弃原则和个人尊严。在面对一些不合理的要求和不道德的行为时,我们要学会表达自己的不满,不要委屈自己。同时,我们也应该在遇到不文明的言行时及时制止,表明自己的立场,维护自己和他人的尊严。自尊自爱才能获得他人的尊重和爱护。大学生应该学会对自己负责,坚持自己的信仰和价值观,同时也要尊重他人的想法和选择。只有这样,我们才能建立起健康的人际关系,获得他人的认可和支持,为自己的未来打下坚实的基础。

（三）自觉自愿

1. 磨炼礼仪意志，增进礼仪自觉

礼仪规范作为社会的基本文化规范，是维系社会秩序和促进人际关系的重要手段，然而要想使礼仪规范成为自觉行为，缺乏坚韧不拔的意志是万万不行的。因此，我们需要磨炼礼仪意志，提升自律和坚持两个方面。

自律是指在没有他人督促和管理的情况下，始终按照道德原则做事，自我约束言行。这种自我管理的能力是培养礼仪意志的重要手段。在高校德育中，提升学生的自律能力是德育的重要目标。因为大学生往往在不受管制时出现不文明举止，需要提升自我内在修养。

坚持则是进行持久性努力，只有坚持才能养成礼仪习惯，促进礼仪自觉。礼仪规范的形成需要长期的锻炼和坚持，需要我们不断地重复和练习，直到形成自觉行为。只有这样，我们才能在日常生活中做到言行得体，让礼仪成为我们的自然习惯。

2. 强化礼仪实践，领悟礼仪自觉

大学生礼仪素养不仅关乎个人形象，更关乎社交能力和职业发展。因此，大学生应该重视礼仪素养的培养，这需要他们具备主体自觉、认知自觉和实践自觉，才能够真正地实现。

主体自觉包括认识自觉和实践自觉两个方面。[①] 认识自觉是指大学生要认识到礼仪素养的重要性，并具备一定的礼仪知识。实践自觉则是指大学生要将这些知识付诸实践，通过不断地实践来提高自己的礼仪素养。

礼仪素养的培育是教化的过程，[②] 需要教育者和学生共同努力。教育者应该通过教学和示范的方式来传授礼仪知识，而学生则需要积极学习和应用这些知识。礼仪知识需要与实践相结合才能发挥价值，因此大学生应该主动投入积极健康的活动中去，实践礼仪知识。

① 李宏刚，李洪波．论大学生"主体自觉"的内涵及其价值 [J]．国家教育行政学院学报，2018（11）：42.
② 陈宗章，尉天骄．"教化"：一个需要澄清的概念 [J]．河海大学学报（哲学社会科学版），2011（4）：6.

　　大学生在实践礼仪行为时要注意细节，要从小事做起，提升礼仪素养。例如，在日常生活中，应该注重言谈举止、服装搭配、餐桌礼仪等方面的表现。此外，在社交场合中，大学生还应该注意到身体语言、姿态、面部表情等微观方面的细节，以提升自己的社交能力和职场竞争力。

第九章

大学生科学素养研究

第一节　科学素养概述

一、科学的内涵

"科学"一词的起源可以追溯到拉丁文的"scientia",意为知识、学问。在英语中,"scientia"被翻译为"science",代表了一种系统化的知识体系和研究方法。在日本明治维新时期,思想家福泽喻吉将"科学"一词引入日本,使其成为日本现代化进程中的重要概念。而在中国,"科学"一词的引入可以追溯到19世纪末,康有为借鉴西方的思想和知识,将"科学"一词引入中国,并结合了中国传统文化中的"格物致知"思想,强调科学研究必须遵循严密的研究方法和实证验证,自此,"科学"渐渐被广泛接受和使用。它代表了一种关于自然和社会现象的知识体系和研究方法,旨在通过观察、实验和推理来获得客观、可靠的知识,并用于解决问题和推动社会进步。随着时代的不断发展,人们对科学的认知也在不断发生着变化,最具代表性的有以下几种观点。

(一)科学是指生产和创造知识的社会性活动

科学家通过观察、实验和推理等方法来研究自然界和人类社会的现象和规律,以发现新的知识并解决问题。

科学的本质是建立在合理性、可验证性和可重复性的基础上。科学家通过精确的实验设计、数据收集和分析,以及逻辑推理来得出结论。通过科学方法、理论和模型,科学家可以深入探索事物的本质和规律,并为人类提供可靠的知识基础。

科学是一个开放和合作的过程,科学家们通过互相交流、讨论和评审来验证和修正彼此的研究成果。科学知识的积累是持续的,随着科技和社会的不断发展,科学也在不断进步和演进。科学的社会性在于它对社会的影响和作用。科学不仅为人类提供了深入了解世界的手段,还为技术创新、经济发展、健康医疗、环境保护等各个领域的社会进步做出了重要贡献。

（二）科学是由一定的理论内核和逻辑方法构建起来的知识体系

科学确实是由一定的理论内核和逻辑方法构建起来的知识体系。这种观点对美国、中国以及苏联都产生了重要的影响，并得到了社会各界的认同。

在美国，科学家萨顿在《美国百科全书》中提出了科学是系统化的实证知识的定义。他强调科学需要建立在实证的基础上，具有系统性。

在苏联，1958年出版的《大百科全书》认为科学是基于社会实践的关于自然、社会、思维及其规律的知识体系。这个观点强调了科学的历史发展以及与社会实践的联系。

在中国，1999年出版的《辞海》对科学的解释也指出科学是反映现实世界各种现象本质和规律的知识体系，运用范畴、定理、定律等思维方式进行研究。这一观点对科学的本质和内容进行了说明。

根据科学与实践联系程度和研究对象的不同，科学可以分为理论科学、技术科学和应用科学。理论科学着重于构建基础理论和探索自然和社会现象的规律，技术科学则关注于应用科学知识解决实际问题，应用科学是将科学知识应用于特定领域的实践。

同时，根据研究对象的不同，科学可以分为自然科学、社会科学和思维科学等。自然科学研究自然界的物质和能量，社会科学研究人类社会的各个方面，而思维科学则涉及人类思维和认知的过程。在这三个科学领域中，哲学和数学起到总结和辅助的作用，它们帮助我们建立科学的基本概念和逻辑体系，并提供了思维和推理的工具和方法。

（三）科学是一种社会力量

首先，将科学应用于生产之中，可以促进生产力的发展。科学知识的运用可以提高生产的效率和质量，推动科技创新和技术进步，从而促进社会经济的发展。科学的发展也影响着政治、经济、文化等方面。例如，在工业生产中引入科学管理方法可以提高效率，推动企业的发展；在医疗领域应用科学知识可以提升人们的健康水平；在环境保护和资源管理中，科学的应用可以帮助解决各种问题。

其次，从本质上来说，科学实际上就是一种生产力。科学的发展离不开社会实践，通过科学研究和实验，人们能够不断积累和创新知识，从而改变和提高生产方式、解决现实问题。科学的发展还需要社会为其提供必要的条件和支持,例如科学教育、科研机构、资金投入等。通过社会实践将科学转化为实际应用,可以促使科学成为真正的现实生产力。

因此,科学在推动社会进步和发展中发挥着重要作用。

(四)科学指一种思想、方法、精神、价值和作风

我国学者钱三强认为,"科学作为一种观念形态,对人们的精神生活包括价值观念、行为准则、伦理道德、文化习惯以及理论思维都有深刻的影响,它渗透在整个精神文明建设之中。"[1]20世纪之后,科学得到了迅猛的发展,对社会发展起到了重要的推动作用,人们对科学愈加重视。

科学不仅是一种知识体系和实践活动,还具有思想、方法、精神、价值和作风的要素。它是人们追求真理、推动社会进步和增进人类福祉的重要工具和导向。

科学作为一种思想,指的是人们运用合理的逻辑和推理能力,通过分析、解释和预测现实世界现象的过程。科学思想强调客观、系统和批判性的观察,追求真理和知识的不断积累。

科学作为一种方法,指的是人们通过观察、实验、推理、建模、验证等途径,以系统的方式获取、验证和应用科学知识。科学方法注重实证和可重复性,通过设计实验、收集数据、分析结果等步骤来推动科学的发展。

科学作为一种精神,强调对真理和知识的追求,努力在面对未知和疑问时保持开放的态度和勇于探索的精神。科学精神包括批判性思维、求真务实、创新和合作的意识,同时也关注道德和伦理的问题。

科学作为一种价值,指的是人们对科学研究和科学知识的认可和尊重。科学价值强调知识的普及与共享,以及利用科学知识促进社会进步、改善人类生活和保护环境等方面的价值。

科学作为一种作风,指的是科学从事者所遵循的行为准则和工作方式。科学作风包括客观、严谨、负责任,注重与同行交流和合作,尊重科学伦理规范和学术规范等。

---

[1]　徐涌金.大学生素质教育教程[M].北京:中国标准出版社,2008:150.

二、科学素养的内涵

"科学素养"或"科学素质"是对英文表达"scientific literacy"两种不同的翻译,它们在我国的学术性或政策性文献中分别使用,但实质上没有太大的差别。这两种翻译都指的是人们在科学方面长期形成的修养或素养,其概念是动态发展的,具有多元化和渐进性。

追溯科学素养理论的历史,可以看到自从著名教育改革家、原哈佛大学校长科南特在 1952 年提出了"科学素养"这一概念,《科学中的普通教育》之后,国内外对于科学素养的内涵和结构模型的探讨与争论持续至今。

在 20 世纪 80 年代中期,《普及科学:美国 2061 计划》对科学素养进行了定义,包括以下几个方面:

(1)熟悉自然界;

(2)尊重自然界的统一性;

(3)懂得科学、数学和技术相互依赖的一些重要方法;

(4)了解科学的一些重大概念和原理;

(5)具备科学思维的能力;

(6)认识到科学、数学和技术是人类共同的事业,认识它们的长处和局限性;

(7)能够运用科学知识和思维方法处理个人和社会问题。

国际经济合作与发展组织(OECD)在 2006 年国际学生评价项目 PISA 中对科学素养进行了描述:"科学素养是一种能力,能够运用科学知识来发现问题、得出有证据支持的结论,以便有助于对自然界和人类活动对其造成的影响的理解和决策。"

我国《全民科学素质行动计划纲要》指出公民具备基本科学素质,一般包括以下几个方面:

(1)了解必要的科学技术知识;

(2)掌握基本的科学方法;

(3)树立科学思想,崇尚科学精神;

(4)具有一定的运用科学知识和方法处理实际问题、参与公共事务的能力。

总结而言,不论是"科学素养"还是"科学素质",都强调了人们在科学方面的长期培养和修养,强调了对科学知识、科学方法和科学思维的理解和运用能力。这些定义的核心目标是增强公众对科学的认知和理解,培养具备科学思维和决策能力的公民,以促进科学与社会的良性互动。

科学素养作为一个动态开放的概念,因其研究角度的不同而产生了多样性和发展性的定义和结构模型,同时也具备不同的作用和功能。尽管在学术界仍存在许多争论,但科学素养的核心内涵已成为共识,即具备与科学有关的知识、能力和思维习惯的修养,能够正确理解科学的定义、原理和理论、科学的过程、科学的本质以及科学、技术与社会的关系等内容。

经过半个多世纪的发展,目前国际上采用的科学素养的基准是由国际公众科学素质促进中心主任、美国芝加哥科学院副院长米勒教授提出的科学素养的三个基本标准。这三个基本标准是:

(1)对科学术语和基本概念的基本理解;

(2)对科学研究方法和过程的基本理解;

(3)对科学技术对社会和个人所产生的影响的基本理解。

这一观点目前在国际上基本得到普遍认同,并成为我国及其他许多国家公众科学素养调查的理论依据。根据测试指标和评估体系,当个人达到这三个基本标准时,就被认为具备了基本的科学素养水平。

三、大学生科学素养的内涵

根据前文对科学素养内涵的理解,可以将大学生科学素养定义为大学生在掌握一定科学知识、科学研究方法和科学能力的基础上,以求实原则和理性思维的科学精神来探索真理并为社会服务。因此,大学生的科学素养体现在以下几个方面:增长科学知识、运用科学能力、掌握科学方法、塑造科学精神和形成科学品质等。

大学生科学素养的内涵可以用三个同心圆[①]结构来描述。在这个结构中,科学精神是最核心的部分,它对认识和实践活动具有决定性的导向作用,是大学生科学素养的灵魂。其次是科学知识、能力和方法,它们是大学生具备科学素养的基础,也是培养和形成其他要素的载体。最外

---

① 顾志跃.科学教育概论[M].北京:科学出版社,1999:54.

围的部分是科学品质,它是大学生科学素养的重要表现和形成标志。

通过大学生科学素养教育,学生可以不断增加科学知识的广度和深度,掌握科学能力和技能,了解和运用科学方法。同时,借助科学精神,大学生能够采用科学的思维方式对问题进行思考和分析,并形成持之以恒的求真精神。形成科学品质,包括诚实、严谨、创新等,是大学生科学素养的重要表现和发展方向。

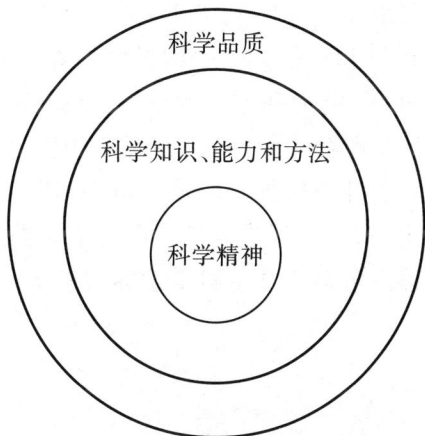

图 9-1　大学生科学素养的基本结构图

科学品质体现了大学生科学素养的具体表现和外显标志。拥有高尚的科学品质意味着我们具备了一种对科学的尊重和崇尚,以及按照科学办事、充分依靠科学力量来推动经济发展和社会进步的理念。

科学知识就是大学生在科学实践中所获得的关于世界各种事物的本质和规律性的认识。它包括我们对自然界、社会现象等的理解和掌握。

科学能力包括科学思维能力和科学实践能力。科学思维能力是指我们用科学的方式思考问题、分析现象,运用逻辑和推理进行判断和解决问题。科学实践能力是指我们运用科学方法进行科学实验、观察和收集数据,并进行科学探究和研究的能力。

科学方法是指从事科学研究时所遵循的一系列步骤和方法,它指导着我们如何进行科学实践和研究,以确保结果的准确性和可靠性。

科学精神是指大学生在科学研究和发展中所需要具备的一种精神面貌。它包括两个方面:一是关于科学的价值观念,即我们应该尊重科学、崇尚科学,并且按照科学原则来行事;二是在科学研究和发展中所需要具备的精神品质,包括辩证唯物主义、实事求是和与时俱进的思想观念。

通过对大学生科学素养内涵的结构化解释,可以更好地理解其含义,并为调查大学生科学素养现状提供指导和借鉴价值。同时,我们也意识到大学生科学素养的发展需要以科学精神为动力,并以掌握和积累科学知识、能力和方法为基础。而真正提升大学生科学素养水平则需要良好的科学品质的形成。

这种理解对于指导和评估大学生的科学素养具有重要意义。通过调查大学生在科学知识、能力和方法的掌握上的现状,我们可以了解他们的科学素养水平,发现存在的问题,并制定相应的教育和培养计划。此外,注重培养大学生科学精神和品质,如辩证唯物主义、实事求是和与时俱进的思想观念,有助于促进科学素养的全面提升。

具体我们将在第三节对大学生科学素养的基本内容进行详细介绍,此处简单带过。

第二节 大学生科学素养培育的意义

一、大学生科学素养教育是公民科学素质建设的必然要求

大学生科学素养教育是提升公民科学素质的必要需求。在当今时代,科学技术已成为第一生产力,对经济和社会发展有着重要推动作用。我国将科教兴国作为基本国策,并致力于增强科技自主创新能力,这需要教育体系培养具备科学素养的人才。

从整体上来看,我国公民的科学素养水平相对较低,与发达国家相比存在差距。城乡居民之间科学素养水平的差距也较大,劳动力的科学素养普遍偏低。目前,许多公民对科学知识只有一些皮毛了解,对科学思想、精神和方法的理解更加有限。这导致了庸俗和愚昧观念的盛行,尤其在农村地区,这种情况更为明显。公民的整体科学素养水平低下已成为制约我国发展的一个关键因素。

为了推动自主创新和建设创新型国家,我们需要提高全国范围内公

民的科学素养水平,这已成为政府鼓励全民广泛参与的社会行动。在实施科教兴国战略后,我国公民的科学素养水平有所提高,但仍存在问题。例如,我国公民接受正规教育的年限较低,仍远低于世界平均水平。长期以来,应试教育导致学生的科学素养结构存在缺陷。社会教育和成人教育的覆盖范围有限,教学水平参差不齐。此外,建立起来的公共服务体系不能完全满足公民的需求,并且大多数公民还未树立起增强科学素养意识。

作为高文化阶层的一部分,大学生在我国的公民结构中扮演着重要的角色。虽然高等教育已进入大众化阶段,但在我国从业人员中受过高等教育的比例仍较低,因此大学生在提高全民科学素养方面具有不可替代的作用。首先,大学生是提升全民科学素养的核心力量。其次,大学生是最积极参与提高全民科学素养的群体。再次,大学生代表着整个民族的科学水平和未来,承载着民族的希望。同时,大学生科学素养的水平也标志着未来全民科学素养水平的发展。

因此,加强大学生科学素养教育不仅是大学生素质教育的重要组成部分,也是公民科学素养建设的关键任务。通过加强大学生科学素养教育,引领并推动整个国家公民科学素养的发展,对于促进我国公民科学素养的提升具有重要意义。

二、大学生科学素养教育是全面提高科学道德素质的客观要求

科学道德素质是科学工作者从事科学工作时所应遵循和践行的行为准则和规范,是科学工作者进行科学研究的精神动力和指导原则。科学道德素质对科学工作者提出了明确要求:科学工作者应该清楚地认识到科学发展可能对公众利益带来的正面或负面影响,并坚决抵制那些明显危害公众利益的科学研究应用,确保科学发展为人类福祉服务;科学工作者必须坚守科学诚实性,严格遵守科学实践规则。

社会主义科学道德素质的内容主要表现在以下方面:热爱科学,勇于探索,不畏艰险,勇往直前,为追求科学真理而奉献;注重科学治学,实事求是;准确无误地报告研究成果;公正无私地评价成果;发扬学术民主,支持学术界多元争鸣,鼓励别人超越自己;树立民族自尊心和自信心,虚心学习科学新成果,为国家做出贡献等。

改革开放以来,我国广大科学工作者坚持遵守科学道德规范,积极

参与科技创新活动,为我国科技进步做出了巨大贡献。然而,也必须意识到当前社会上存在一些违反科学道德的不规范行为和不正之风,特别是由于我国经济社会转型期的影响,一些科学工作者在科学研究活动中做出了违反科学道德甚至违法乱纪的不端行为,严重影响了科学研究的健康有序开展。大学生作为科学研究队伍的重要后备力量,必须接受良好的科学道德规范教育,努力增强科学道德素质,成为社会主义科学道德规范的坚定捍卫者,而实现这一目标离不开对大学生进行科学素养教育和培养。

三、大学生科学素养教育是改变大学生科学素养状况的迫切要求

现阶段,我国大学生中仍然存在大量大学生缺乏基本科学素养的情况。造成这种情况的原因很多,其中包括文科大学生在科学素养教育方面的缺失;理科大学生受应试教育的影响,只注重死记硬背科学知识以应付考试,忽视了理解和应用,更不用说创新;同时,社会上追求急功近利、表面浮躁的风气也对大学生产生了影响,再加上就业形势的严峻,导致一些大学生缺乏学习动力,草草应付,甚至出现作业抄袭和考试作弊等不良行为。这些情况与大学生科学素养教育的要求相差很大。

因此,加强大学生科学素养教育已经成为改变大学生科学素养状况的紧迫需求。我们需要用通俗易懂的语言向大学生传授科学知识,帮助他们理解科学的基本原理和应用,激发他们对科学的兴趣和探索精神。同时,也需要引导大学生树立正确的学习态度和价值观,让他们明白学习科学不仅是为了应付考试,更是为了理解和应用科学知识以及为未来的社会做出贡献。只有这样,我们才能改变目前大学生科学素养不足的现状,提高整个大学生群体的科学素质。

四、大学生科学素养教育是积极推进大学生素质教育的内在要求

大学生科学素养教育是为了培养大学生具备丰富科学知识、发展科学能力、掌握科学方法,树立科学思想,培养科学品德,形成科学精神,提高科学素养。这是大学生素质教育中不可或缺的一部分。

大学生是科学研究队伍的后备军,必须具备良好的科学素养。没有良好的科学素养,他们的整体素质也无法建立起来,就像失去了基础一

样。此外,科学素养与其他素质之间也相互影响。科学素养的追求真实、规范严谨、创新能力强、坚持不懈等品质,能渗透到思想素质、道德素质、文化素质、专业素质、学习素质、信息素质、创新素质和职业素质的培养过程中。一个具备科学素养的人,通常也会有较好的思想素质、道德素质、专业素质、学习素质、信息素质、创新素质和职业素质。例如,科学研究强调规范,而社会生活也强调规范,具有科学素养的人更容易接受并内化社会道德规范,养成良好的道德品质;又如科学素养所体现的品格和作风,也是从事任何职业都需要培养的职业素质。因此,大学生科学素养教育是积极推进大学生素质教育的内在要求。

第三节　大学生科学素养培育的主要内容

承接大学生科学素养的内涵,这里详细阐述一下大学生科学素养培育的主要内容。

一、科学品德教育

科学品德包括科学动机、科学情感、科学兴趣、科学作风、科学意志等要素。对大学生进行科学品德教育,要从以下几方面着手。

（一）科学动机教育

科学动机教育是指通过教育和培养的方式,促使学生发展出对科学探索和研究的动力和动机,激发他们积极主动地参与科学学习和科学实践。

科学动机强调学生对知识和问题解决的渴望。它涉及学生追求知识的愿望、解决问题的热情以及对科学领域的兴趣和动力。通过科学动机教育,可以激发学生的好奇心和求知欲,培养他们对科学的浓厚兴趣,使他们主动地去寻找和探索更多的科学知识和问题。

在科学动机教育中,鼓励学生体验和参与实际科学实践也是重要的一部分。通过实际参与科学实验、观察和实地调查等活动,学生能够感受到科学的乐趣和实用性,增强他们对科学研究和应用的认同感和动机。

此外,科学动机教育还注重培养学生的科学思维和解决问题的能力。学生需要学会提出问题、收集和分析数据、进行推理和实验,并追求科学的合理性和准确性。通过这样的培养,能够激发学生在面对困难和挑战时的愿望和动力,培养他们解决问题的毅力和决心。

（二）科学情感培育

良好的科学情感主要表现在以下几个方面:

（1）责任感:作为大学生,应明确自己对科学的责任和使命,崇尚科学精神,追求真知,并将之付诸行动。

（2）热情:对科学事业充满热爱和理想,保持对新知识和新发现的好奇心,积极参与科学研究和实践,持续地学习和探索。

（3）自信心:相信自己只要努力,具备条件并采用正确的方法,就能够取得科学上的成功。坚定信念,在面对困难和挫折时能保持乐观和自信。

（4）美感:充分认识到自然界和科学本身的美丽与魅力,理解科学的对称、简洁、有序和和谐之美,能够在科学认知和实践中从中发现美、体现美、追求美,并努力实现美的目标。

通过科学情感的培育,可以促使大学生拥有这些良好的科学情感,进而激发他们的科学兴趣和热情,提高他们的自信与责任感,并使他们更加敏锐地感受科学所蕴含的美丽和创造力。这将有助于推动他们在科学领域取得进一步的成就。

（三）科学兴趣培养

良好的科学兴趣主要表现在以下方面:

（1）好奇心和求知欲:拥有对科学的强烈好奇心,渴望了解世界的运作规律和探索未知领域。对问题和现象提出疑问,并主动积极地寻找答案。

（2）实践和体验:通过实践和亲身体验科学活动和实验,激发对科学的兴趣。喜欢动手操作,参与实验和观察,从实际实践中感受科学的乐趣和应用。

（3）与科学相关的阅读与学习：愿意主动阅读科学相关的书籍、文章和新闻，持续学习和更新科学知识。对于科学领域的发展和前沿研究保持关注，并渴望深入了解更多。

（4）科学思维和思考能力：具备批判性和创造性思维，能够运用科学方法和逻辑进行问题分析和解决。具备科学推理和实证思维，能够从数据和证据出发进行科学性的思考和判断。

（5）加入科学社群和组织：积极参与科学相关的社群和组织，如科学俱乐部、研究团队等，与其他对科学感兴趣的人进行交流和互动，分享经验和知识。

良好的科学兴趣具有以下特点：

（1）广泛性：对许多学科都有兴趣，有寻求知识的欲望，并且愿意广泛涉猎多个领域。这种广泛性的兴趣使得大学生的知识面更加宽广，有助于培养他们的综合素质和跨学科思维。

（2）专一性：在广泛的学科中，大学生可能对某一学科或某一领域有特别的兴趣。他们对此学科投入更多时间和精力，在该领域的学习和研究上持续深入，成为该领域的专业人才。

（3）持久性：拥有持久稳定的兴趣，能够坚持不懈地进行科学学习和实践。即使面对挑战和困难，他们也能保持对科学的热爱和投入，继续追求知识和实现目标。

良好的科学兴趣对个人的学术发展和职业发展都具有积极影响。它能够推动个人持续学习和进阶，深入探索自己感兴趣的科学领域，并在科学研究、创新和解决现实问题中做出贡献。同时，良好的科学兴趣也带来了乐趣和满足感，为个人的生活增添了丰富的内涵和意义。

（四）科学作风教育

科学作风是指学生在科学研究和实践中所表现出来的严谨、规范、务实和负责任的态度和行为。它涉及学生从事科学研究时的质量要求、实验操作的规范与安全意识、数据处理的准确性等方面。

（五）科学意志锻炼

科学意志锻炼是指通过一系列的方法和实践，培养和提升个体在科学领域的意志力和坚毅精神。以下是一些常见的科学意志锻炼方法：

（1）坚持学习和研究：科学研究是一个需要持续投入和耐心的过

程,要磨炼科学意志,首先要培养坚持不懈地学习和研究的习惯。定期安排时间进行科学学习和阅读,保持对知识的追求。

（2）克服困难和挑战：科学研究中常常会遇到困难和挑战,这时需要培养战胜困难的意志力。积极面对困难,寻找解决问题的方法和策略,克服挫折和困难,坚持下去。

（3）培养自律能力：科学研究需要良好的自律能力,包括规律的学习计划、时间管理和自我约束。建立科学的工作习惯,坚持执行计划,不被外界干扰和诱惑,保持专注和高效。

（4）提升决策和判断力：科学研究中需要做出决策和判断,磨炼科学意志的一个方面就是培养准确、客观和理性的决策和判断能力。通过分析数据、评估证据和推理思考,做出合理的科学决策。

（5）培养团队合作精神：科学研究往往需要与他人进行合作,所以培养团队合作的意志力也是重要的。学会倾听和尊重他人观点,积极参与合作项目,共同努力达成研究目标。

通过以上的科学意志锻炼,可以提升个体在科学领域的专注力、毅力、耐心和坚持力量,使其更加适应科学研究的特点和要求,取得更好的科学成果。

二、科学观教育

对大学生进行科学观教育,使大学生逐步形成正确的科学观,主要从以下几方面着手。

（一）辩证唯物主义观教育

科学观教育应该培养辩证唯物主义的思维方式。辩证唯物主义观主要强调物质第一和联系与发展的原则。通过辩证唯物主义的教育,让大学生逐步形成物质第一性的观点,认识到世界的客观存在,尊重事实和客观规律。我们应该从物质世界本身来研究和理解它,解决物质世界的问题。

辩证唯物主义的教育也旨在让大学生树立起以联系和发展为立场的观点,即我们应该用辩证的眼光看待世界,看待问题时要做到全面、综合和相对的思考。我们要反对孤立地、片面地、静止地看待世界的观点,而是要理解事物和现象之间的内在联系和变化规律。

（二）科学价值观教育

科学价值观教育是指通过教育和培养的方式,促使学生树立正确的科学道德观念和价值取向,培养他们对科学活动和科学知识的理解和评价。

首先,科学价值观强调尊重科学事实。学生在科学研究和学习中应当以客观、真实的态度对待事实,不夸大、不扭曲、不歪曲科学结果和数据,遵循科学严谨的方法和原则。

其次,科学价值观鼓励崇尚科学精神。学生需要具备对知识的追求和探索的精神,勇于挑战和质疑现有的科学理论,鼓励创新思维和寻找新的解决方案。

再次,科学价值观强调遵循科学伦理。学生需要遵守科学研究的道德规范和规则,保护被研究对象的权益,避免伦理冲突和损害,确保科学研究的公正和可信度。

最后,科学价值观倡导推崇科学的社会责任感。学生应当认识到科学技术的发展对社会和人类的影响,积极关注和参与与科学相关的问题和决策,为社会进步和可持续发展贡献自己的力量。

通过科学价值观教育,学生可以培养出正确的科学道德观念和价值取向,加强他们对科学活动的尊重和理解,激发他们对科学的热爱和投入。同时,科学价值观的培养有助于学生形成综合素质的全面发展,提高其创新能力、思辨能力和道德意识,为他们未来的个人成长和社会参与奠定坚实的基础。

（三）科学自然观教育

科学自然观教育是指通过教育和培养的方式,使学生形成科学的自然观念和态度,理解自然界的规律和现象,培养对自然科学的兴趣和热爱。学生应该理解自然界的客观规律,认识到自然界的复杂性和多样性,了解科学研究的方法和原则,以及科学理论和实证数据在对自然现象的解释和理解中的重要性;学生需要主动观察、思考和提出问题,通过实践和实验的方式发现和探索自然现象,培养科学思维和解决问题的能力;学生需要树立对自然的尊重和保护意识,认识到人类与自然界的相互依存和相互影响,推崇可持续发展和环境保护的概念,积极参与环保行动并为保护地球家园做出贡献。

三、科学知识教育

科学知识教育是指通过系统的教育和培训,向学生传授科学领域的基础知识、原理和方法,培养他们的科学素养。以下是一些关于科学知识教育的重要方面。

科学基础课程:在学校中,科学教育通常从小学开始,通过科目如数学、物理、化学和生物等的教学来传授科学的基本知识。这些课程旨在让学生了解自然界的规律和现象,并培养他们使用科学方法进行观察、实验、分析和推理的能力。

实践和实验:科学知识教育应注重实践和实验。通过实际操作和实验,学生可以亲自体验科学现象和原理,加深对科学知识的理解和记忆。此外,实践和实验还有助于培养学生的观察、思考、提问和解决问题的能力。

科学探究和项目学习:为了培养学生主动学习和探究的能力,应该引入科学探究和项目学习的形式。通过学生自主选择课题、设计实验和进行研究,他们能够深入探索感兴趣的科学问题,并培养科学方法和科学思维。

科学科普和科学新闻:除了课堂教育,科学知识教育还可以通过科普读物、科学节目、科学博物馆等方式进行。这些媒介可以向大众普及科学知识,让人们了解最新的科学研究成果和科学领域的发展。

科学沟通和交流:科学知识教育还应该培养学生的科学沟通和交流能力。学生应该学会用简洁明了的语言表达科学概念和原理,并能与他人讨论和分享科学观点和研究成果。

科学知识教育的目标是提高大学生的科学素养,树立科学思维方式和态度,培养他们对科学的兴趣和理解,以及解决实际问题和应对未来挑战的能力。通过全面的科学知识教育,可以为大学生的学术发展和终身学习奠定坚实的基础。

四、科学能力教育

（一）科学认知能力

科学认知能力是指个体在科学领域中获取、理解和应用科学知识的能力，它包括以下几个方面。

（1）观察和描述能力。这指的是个体能够仔细观察自然界的现象、事物或实验，并准确地描述所观察到的各种特征、变化和相互关系。

（2）提问和探究能力。指的是个体能够主动提出问题，针对感兴趣的现象或现象之间的关系进行深入研究，并采取合适的科学方法和技术来回答这些问题。

（3）数据分析和推理能力。科学研究离不开数据的收集、分析和归纳。科学认知能力要求个体能够分析和解释收集到的数据，并通过推理和逻辑思维，从中得出结论和规律。

（4）概念和模型构建能力。科学研究需要建立概念和模型来理解和解释复杂的现象。科学认知能力要求个体能够理解和应用科学概念，并能够构建适当的模型来描述和分析所研究领域的现象和规律。

通过培养和发展科学认知能力，大学生能够更好地理解和应用科学知识，积极投入科学研究和创新中，对个人的学术成就和社会发展都具有重要的意义。

（二）科学实践能力

科学实践能力是指个体在实际的科学研究或解决问题过程中所应用的能力。它涉及科学方法的应用、实验设计与执行、数据收集与分析、问题解决等方面的技能和能力。具体而言，科学实践能力包括以下几个方面。

（1）科学方法的应用：科学实践需要建立在科学方法的基础上。个体需要掌握科学方法的基本原则与步骤，例如观察、提出假设、设计实验、收集数据、分析结果以及得出结论。

（2）实验设计与执行：科学实践经常涉及实验设计与执行。个体需要了解实验设计的原则与方法，包括确定实验目标、选择变量、设计对照组、控制变量、制定实验步骤等。同时，个体还需要具备操作实验设备和仪器的技能,注意实验过程中的安全和准确性。

(3)数据收集与分析:科学实践需要进行数据的收集与分析。个体需要学会有效地收集、整理和记录实验数据或观测数据,并运用适当的数理统计方法进行数据分析。这包括计算平均值、标准差、相关系数等,以确定数据之间的关系和趋势。

(4)问题解决能力:科学实践是为了解决现实问题或回答科学问题。个体需要具备分析问题的能力,提出合理的假设,并通过科学实验或考察确定假设的正确性与可行性。在问题解决过程中,还需要运用批判性思维和创新能力,可能需要进行多次尝试与改进。

(5)团队合作与沟通能力:科学实践往往需要团队合作,个体需要具备团队合作和沟通的能力。个体需要与其他研究人员合作,共同制定研究计划、分工合作,并有效地交流研究成果。同时,个体还需要向科学社区或公众讲解和传达科学观点和发现。

(三)科学创造能力

科学创造能力是指个体在科学领域内产生新的科学知识、理论、方法或解决方案的能力。它是科学研究中最具创造性和创新性的一部分,涉及对问题的重新思考、新的思维模式和独立思考的能力。以下是科学创造能力的一些特征和要素。

(1)创新思维:科学创造能力要求个体具备独立、富有创新性的思维方式。个体需要能够从不同的角度思考问题,挑战传统观点,并提出新颖的想法和假设。他们对问题的处理方式有时可能会突破常规和既有的假设框架。

(2)跨学科知识与思维:科学创造通常需要跨越学科边界,将不同学科领域的知识融合起来。个体需要具备广泛的学科背景和知识储备,能够运用跨学科的思维方式来解决复杂问题。通过将不同学科领域的知识相互关联,他们能够开辟新的研究领域和发现新的科学规律。

(3)批判性思维:科学创造能力需要个体具备批判性思维的能力。他们需要对现有的理论、观点和实验结果进行评估和分析,发现其中的不足之处,并提出新的思路或改进方案。批判性思维有助于个体从更全面和深入的角度对问题进行思考,促进科学的发展和进步。

(4)试错与持续改进:科学创造过程中常常伴随着试错和持续改进。个体需要勇于尝试新的想法和方法,不断进行实验和验证,并根据实验结果进行调整和改进。在创造过程中,失败并不是终结,而是可以获得宝贵的经验教训,为后续的创新提供启示。

通过培养和发展科学创造能力,个体能够在科学领域中产生具有原创性和颠覆性的成果,推动科学知识的拓展和革新。

五、科学方法教育

科学方法教育是指在教育过程中培养学生运用科学方法进行探究和解决问题的能力。它着重培养学生的观察、提问、实验设计、数据分析、推理和判断等方面的技能,以及批判性思维和创新能力。科学方法教育的目标是帮助学生发展良好的科学思维和科学行为习惯,使他们能够独立思考和积极参与科学研究。

在科学方法教育中,一些常见的教学策略和方法可以包括以下几个方面。

(1)探究性学习:鼓励学生主动提问、探索和发现,在实践中学习科学方法。通过实验、观察、调查等活动,让学生亲身参与并自主探索科学现象、问题和解决途径。

(2)实践性活动:提供实践性的学习机会,例如实验课、科学展示、科学项目等。学生通过亲自动手操作仪器、观察事物或进行实验,培养他们观察、记录、描述和分析数据的能力。

(3)组织化学习:组织学生进行合作学习项目,例如小组探究、合作实验等。通过与同伴合作,学生能够共同制定研究计划、分享观察和实验结果,并一起分析和解释数据。

(4)批判性思维培养:引导学生运用批判性思维来评估科学观点和实验证据的可靠性,培养他们判断和推理的能力。让学生分析科学问题并提出自己的观点,提高思维的深度和广度。

(5)跨学科整合:鼓励学生将不同学科的知识相结合,进行跨学科的思考和研究。这可以激发创新思维,并帮助学生从不同角度看待问题,提出新的解决方案。

(6)反思和交流:让学生对自己的实验和观察结果进行反思,并与他人进行交流。通过与他人分享自己的发现和思考,学生能够加深理解、修正错误,并从他人的反馈中获得更多启发。

科学方法教育的目标是帮助学生培养科学思维和科学实践能力,使他们掌握科学思维和方法,在科学领域中更加自信和独立地进行探究和创新。这种教育能够培养出未来的科学家、工程师和创新者。

对大学生进行科学方法教育时,需要根据不同的文科生和理科生的特点和需求来进行区分。下面是一些针对文科生和理科生教育的差异性考虑。

对于文科生,要注意培养(1)理论与实践的平衡能力:文科生通常更注重理论研究和概念分析,因此在科学方法教育中,可以注重培养其理论思维和批判性思维的能力。同时,通过实践性的活动和案例研究,帮助他们将所学的理论知识应用到实际问题中。(2)文字分析和解释:文科生在研究过程中更多地使用文字材料作为研究对象。因此,在科学方法教育中,可以加强对文本的解读、分析和批判,培养他们从多个角度审视并理解文本的能力。(3)独立研究与批判性写作:鼓励文科生进行独立的研究项目,培养他们进行独立思考和论证的能力。同时,注重批判性写作的训练,帮助他们准确表达自己的观点,以及对他人观点进行评估和反驳。(4)跨学科整合:培养文科生进行跨学科的思考和研究,帮助他们将不同领域的知识相结合,发现新的见解和理论。鼓励他们与其他学科的学生和教师进行交流和合作,深化对跨学科研究的理解和实践。

对于理科生,要注重培养:(1)实验设计和数据分析能力:理科生通常更注重实验和数据,因此在科学方法教育中,可以注重培养其实验设计和数据收集与分析的能力。鼓励他们进行实验和观察,培养准确记录、分析和解读实验数据的能力。(2)假设和推理能力:理科生需要具备假设和推理的能力,通过观察和实验来验证或证伪自己的假设。科学方法教育应该帮助他们培养逻辑思维和推理能力,能够从实验证据中得出准确的结论。(3)模型构建和解释:理科生在学习过程中经常使用模型来解释和预测现象。因此,在科学方法教育中,可以加强对模型构建和解释的训练,培养他们理解和运用科学模型的能力。(4)实践和创新能力:鼓励理科生进行实践性的项目和创新研究,培养他们解决实际问题、探索新领域和开展创新工作的能力。鼓励他们在实践中不断尝试、改进和创新,培养创新思维和团队协作能力。

通过针对文科生和理科生的不同特点进行区分的科学方法教育,可以更好地满足学生的学习需求,并帮助他们发展出色的科学方法和研究能力。

六、科学精神教育

科学精神教育是培养学生具备科学思维和态度的教育,旨在让学生理解科学的本质、价值和方法,发展批判性思维、实证思维和创新能力。科学精神教育的目标是使学生能够以客观、理性、严谨和开放的方式探索世界,用科学的方法来思考问题,做出独立的判断,并能够运用科学知识解决现实生活中的问题。

对大学生进行科学精神教育,从以下几方面着手。

（一）求真务实的精神

求真务实精神是一种重视实际、注重实践和追求真理的态度和价值观。它强调在解决问题和取得成果时,注重真实的情况和实际的效果,不追求空洞的理论或虚幻的理想。在个人和社会发展中,求真务实精神起着重要的作用。

求真务实精神具有以下几个特点。

（1）追求真理：求真务实精神鼓励人们在认知和行动中追求真理。它强调通过实证、验证和证据来确认和验证观点,避免基于主观臆测或偏见作出判断。

（2）关注实际效果：求真务实精神强调考虑问题的实际效果和实际情况。它注重实际操作和实践经验,关注解决问题的可行性和实用性,并努力使所做的努力能够产生实际的成果。

（3）理性思维和实证研究：求真务实精神倡导使用理性思维来评估和解决问题。它注重系统和批判性思考,通过进行实证研究、数据分析和逻辑推理来验证观点和决策。

（4）勇于担当责任：求真务实精神鼓励人们勇于承担责任并采取行动。它认为确保目标的实现需要付诸实际行动和努力,要求人们具备坚毅的意志和决心去克服困难和挑战。

（5）持续学习和改进：求真务实精神强调持续学习和不断改进的重要性。它认为只有不断增长知识、改善技能和修正错误,才能在追求真理和实现目标的道路上不断取得进步。

（二）严谨规范的精神

严谨规范的精神是注重准确性、一丝不苟和遵循规则的态度和行为方式。它强调在工作、学习和研究中追求高标准，确保所做的事情准确无误，同时遵守约定和规则。严谨规范的精神对于个人和组织的成功和信誉都至关重要。

严谨规范的精神具有以下几个特点。

（1）准确性和精细度：严谨规范的精神强调事物的准确性和精确度。它鼓励人们在作出论断、发表观点或进行实验时，依靠准确的信息、数据和证据，确保表达出来的信息和结果是正确无误的。

（2）一丝不苟的态度：严谨规范的精神要求人们具备一种勤奋、细致和不懈的工作态度。它强调做事不能马虎敷衍，而是要尽力做到最好、达到最高标准。

（3）遵循规则和程序：严谨规范的精神意味着在工作和学习过程中遵守规则和程序。它要求人们遵守约定和法律，遵循正确的流程和操作方法，确保工作和决策的合法性、规范性和可靠性。

（4）审慎和谨慎：严谨规范的精神鼓励人们在做出决策和行动之前进行充分考虑、评估风险和后果。它要求人们审慎地对待事物，不轻易作出主观臆断或草率决定。

通过培养严谨规范的精神，个人能够更好地完成工作任务、提升专业素养和发展能力。组织能够建立诚信和可信赖的声誉，增强竞争力，实现长期的成功。

（三）批判创新的精神

事物是不断变化和发展的，它们的本质和规律也随着时间逐渐揭示。同时，人类的认知能力和方法存在一定的限制，导致我们对客观事物的认识具有相对性。因此，科学知识只能被视为相对真理，它还需要通过批判和创新来不断拓展和深化。

简单来说，科学知识就像一张地图，它告诉我们目前已知的有关事物的道路和地标，但随着时间的推移和研究的深入，我们可能会发现新的道路和更准确的地标，这就需要我们持续进行批判性思考和创新性的探索。

我们要不断质疑和评估已有的知识，以发现其中的不足和局限性。

只有通过批判的思考,我们才能找到问题的解决方法,并为其提供更好的解释和理解。

同时,我们还要不断尝试新的方法和角度,以寻求更全面和准确的认识。探索新的领域和尝试新的观点,有助于我们拓展知识边界,从而进一步深化我们对世界的理解。

（四）坚韧不拔为科学献身的精神

坚韧不拔为科学献身的精神是指科学工作者在追求科学真理、推动科学进步的过程中所展现出来的特质和态度。这种精神包括以下几个方面。

（1）对目标的坚定执着。科学研究往往需要长期的投入和艰苦的努力。坚韧不拔的科学精神使科学家能够克服困难,持续不断地追求知识的深层次并解决复杂的问题。

（2）应对挑战的勇气和毅力。科学研究充满了未知和风险,科学家需要勇于面对困难和失败,并从中学习和成长。他们要持久地保持专注和投入,不畏艰辛,坚持不懈地追求科学发现和创新。

（3）批判思维和追求真理的精神。科学研究需要科学家具备批判性思维,持开放态度对待问题,并通过实验、观察和推理进行验证和评估。坚韧不拔的科学精神使得科学家能够保持客观、求真的态度,不断追求知识的深化和完善。

总的来说,坚韧不拔为科学献身的精神体现了科学工作者对于追求科学真理的无尽探索和奉献精神,他们在科学研究中坚持不懈地努力,不怕困难和挑战,持久地追求知识和创新。这种精神是推动科学进步与发展的重要动力之一,也是我们在面临各种考验时应该具备的重要品质。

第四节　大学生科学素养培育的路径

一、当代大学生科学素养培育工作开展的思路

当代大学生科学素养培育工作开展的思路可以概括为:围绕一条

主线,力求三个提高,实现三个目标。

（一）紧紧围绕"科学素养教育体系"这条主线

建立一套完整的、全方位的、立体的科学素养教育体系确实是现在科学素养教育的必然要求。这个教育体系应该包括多个层次和结构,并从课程设置到校园文化环境的营建来全面培养大学生的科学素养和科学精神。

在第一层次,可以通过一门《科学素养培养》必修课和专业教学中渗透科学素养教育两个方面,进行大面积科技文化知识的普及教育。这门必修课可以通过系统简洁地介绍各门自然科学和社会科学知识,全面传授基础的科技文化知识,激发学生学习科技文化知识的热情。

在第二层次,可以进一步深入教育不同专业、不同层次的大学生,开设系列模块式选修课和辅修专业。这些课程应该由核心教程和展开性课程组成,并分散在一至四年级开设,构建一个合理、完整的课程体系,为学生提供更广泛、更深入的科技文化知识。

在第三层次,可以举办相关主题的讲座和开展科技创新活动。讲座可以切入社会热点,以吸引学生的兴趣并促进科学素养提高。科技创新活动则可以培养学生的科技意识、科研精神和实践能力,通过制度化建设和资金支持来确保活动的广泛开展。

同时,为了使科学素养教育体系更加完善,也需要重视校园文化环境的营建。营造浓厚的学术氛围和鼓励学生参与科技创新活动的社团和兴趣小组,将有助于全面促进学生的科学素养和科学精神的培养。

（二）力求"三个提高"

1. 营造浓厚的校园学术氛围

校园文化的建设对于培养学生的科学素养具有重要作用。为了营造浓厚的校园学术氛围,可以采取以下措施。

首先,促进学生的科研作品向科技成果的转化。学校可以鼓励学生参与科研项目和创新实践,提供相应的研究资源和支持。当学生的科研作品得到发表或者获得表彰时,可以给予适当的奖励和激励,以满足学生的实际需求并激发他们的积极性。

其次,加强制度建设,保障校园文化的顺利进行。学校可以制定相关政策和规定,明确学校教育教学的科研导向和质量要求。同时,建立健全的评价体系,将科技能力和创新精神纳入综合评价的考虑范畴,并将综合能力评测作为重要的评价标准。

再次,创造良好的学术交流平台和活动机会也是营造校园学术氛围的有效方式。学校可以组织学术讲座、研讨会等活动,邀请知名学者和专家分享最新的科研成果和学术观点。同时,鼓励学生参与学术竞赛、科技创新项目等,提供展示自己才华的机会。

最后,在校园文化建设中注重学生的参与性和主动性,鼓励他们发表研究成果、参与科研合作等。学校可以设立科研导师制度或者创新实验室,为学生提供指导和支持,帮助他们进行科学研究和创新实践。

通过以上措施,学校可以营造出积极向上、推动科研创新的校园学术氛围,进一步培养学生的科学素养,激发他们的学术兴趣和创新潜能。

2. 提高教师队伍的科学素养

提高教师队伍的科学素养是非常重要的。教师在科学素养教育中扮演着主导的角色,他们的科研水平、能力和成果决定了学校科研氛围的主流。因此,我们需要加强对教师的科学素养培养。

首先,需要改变教师的教育观念。让广大教师认识到科学素养教育的重要性和必要性,并将科技文化教育摆在应有的地位。科学素养教育涉及教师的各个环节,例如组织课堂教学、指导学生进行科研启蒙、开展讲座、评判和鉴定学生的学习成果等。教师需要理解专业授课质量与科学素养教育的密切关系,同时教给学生学习科学的方法,激发他们的创造性思维,培养运用科学知识的能力。

其次,提供适当的培训和支持。学校可以组织教师参加科学研究培训班、教学方法研讨会等活动,提升他们的科学研究能力和教学水平。同时,鼓励教师参与科研项目和创新实践,为他们提供科研资源和指导,帮助他们提升自己的科研水平。

另外,建立一套科学素养评价机制。通过建立科学素养评估标准和考核体系,激励教师积极参与科研活动和教学改革,鼓励他们在科研领域取得突出成果和在教学中表现出色。这样可以提高教师的主动性和积极性,推动科学素养教育的开展。

3.增强大学生的主观能动意识

为了增强大学生的主观能动意识,我们应该注重培养他们内化科学精神的过程。科学素养教育不仅是传授科学知识,更重要的是让学生将这种科学精神融入自己的思维方式和行为中,形成一种内在的品质。目前,大学生科学素养教育倾向于强调学校的教化作用,而较少关注学生自我内化的重要性。为了改变这种状况,高校应该顺应时代要求,根据学生的发展规律进行科学合理的教育,并注重激发学生的主观能动性。这就需要在课堂教育和自我教育相结合的过程中提升学生的科学素养。为了实现这个目标,高校可以采取以下措施:

首先,组织大型活动,如科技文化节、论文报告会、科技作品竞赛等。这些活动覆盖面广,影响力大,可以吸引更多的学生参与并宣传。另外,可以邀请相关企业参与,使活动更加贴近社会需求。

其次,组织中小型的专业活动,如专业讲座等。这些活动可以根据专业分类、专题倾向、针对特定群体来展开,能更有针对性地满足学生的需求。

再次,促使学生参与社会服务,利用所学专业知识为社会作出贡献。学校可以组织学生走向社会,通过实践活动让他们将所学知识应用到实际中去,从而培养他们的主观能动性。

最后,宣传工作也非常重要。学校应该充分宣传正在进行的工作和活动,让学生了解并参与其中,激发他们的认同感和积极性。

通过以上措施,我们可以帮助大学生增强主观能动意识,提高他们的科学素养,并将科学精神内化为他们的思维方式和行为习惯中。

(三)实现"三个目标"

大学生科学素养"培养模式创新"将是今后中国研究型大学教育创新的难点与关键。我们应该在开放的环境中探索多样化的培养模式,为学生成长提供更大的空间和更多可能的选择。

从大学自身来讲,培养有科学素养的杰出人才有"三个目标"。

1.创新多样化的人才培养模式

要培养出杰出人才,我们需要探索多样化的培养模式。每所大学都有自己独特的特点和优势,因此我们应该在开放的环境中不断创新培养模式。这包括借鉴国外一流大学的经验，并结合中国国情和时代特征，为学生提供更多选择和发展的空间。

培养模式的创新是未来中国研究型大学教育创新的关键。多样化的模式创新可以为学生提供更多的发展机会和选择，激发他们的创造力和批判思维，并促进他们的个性发展。

科学素养的培养也需要根据不同的学科和专业特点进行分类和目标设定。理工科专业的科学素养培养，需要注重提升学生的科学专业素养，突出学科专业特色；而文科专业则需要强化学生的公众科学素养，以适应现代社会对不同人才的要求。

当前自然科学和人文社会科学越来越融合，大学生科学素养的研究也可以与素质教育相结合，进行新的尝试和探索。例如，对文科学生可以引入一些跨学科的新兴文理交叉学科，培养学生系统的科学思想和方法。而对理工科学生，则可以开设一些科技史和科技哲学等选修课程，让他们了解科技与人类生活的关系，同时也注重社会意义、社会发展的前景。

2. 全面培育大学生的科学精神

科学素养培育的核心环节是培养大学生的科学精神，这对于培养高素质人才和推动知识创新非常重要。大学在培养科学精神方面应该发挥引领和示范的作用，然而在我国，科学素养培育一直是学校教育中的薄弱环节，有些大学生把学习科学知识与功利的目的结合起来，导致价值观出现扭曲。

为了培养当代大学生的科学精神，高校必须采取有效措施，其中一个重要方法就是将科学精神教育与科技实践活动结合起来。科学精神本身就是在科学实践活动中形成的。科技实践活动是培养大学生科学精神的有效途径，也是不可或缺的重要环节。因此，高校应该将科学精神的培育延伸到实践活动中，让学生在实际问题中运用科技文化知识解决问题，使他们在科技实践中不断深化对科学精神的理解。

科学精神教育的理论内容只有与实践活动相结合，才能真正成为一个人内在素质的一部分，理论才能转化为学生自觉的行动。科学精神的培育需要大学生在实践中不断锻炼和提升，而不仅停留在课堂上的理论教学。

3.培养批判思维,激发大学生的创造激情

培养批判思维是大学教育中非常重要的一部分,它可以激发大学生的创造激情。如果一个人只是被动地接受知识,只相信书本和权威,那就不能进行创新,也不可能成为杰出人才。同样地,如果一所大学在制度和环境上不鼓励批判精神,不鼓励挑战权威和定论,那么也无法培养出杰出人才。

大学教育必须着重培养学生的批判思维能力。这意味着我们需要审视现有的大学教育体系,并进行改变和改革,包括课堂教学、考试评估、教育方式、管理制度、大学文化等方面都需要进行改进。我们需要创造更多具有批判性思维的教育环境和机会。

没有激情就没有创新。在一个快节奏且功利化的社会变革时代,如何激发和保护学生的创造激情,以及如何让大学充满创新的激情,是我们共同关注和探索的问题。我们需要创造积极向上的学习氛围,鼓励学生勇于思考和质疑,提供多种学习方式和创新实践机会。同时,大学也需要注重培养教师的创新精神,激发他们的激情和积极性,以给予学生更好的榜样和引领。

二、当代大学生科学素养培育的具体途径

(一)创建良好的科学文化环境

1.营造尊重科学崇尚科学的舆论氛围

要使大学生培养科学精神更好、更快地完成,首先需要社会创造一种尊重科学、崇尚科学的舆论氛围,让科学精神在大学生中生根发芽。现代社会不断进步,科技不断发展,但人们的科学素养和科学精神却并不足够。因此,社会需要通过舆论宣传的方式来呼吁各界行动起来,共同关注科学,培养科学精神,以营造尊重科学、崇尚科学的良好氛围。

为了营造良好的科学舆论氛围,可以利用大众媒体的力量,充分利用各种传媒的功能。可以通过新闻媒体向公众传达科学精神,呈现典型的科学榜样,以榜样的力量推动科学精神的培育,也可以创办与大学生相关的科技专栏,结合科学技术和科学理念,邀请知名学者和大学生互

动,举办科技讲座,向社会传播科技知识。此外,还可以借助新兴媒体平台,如微博、微信公众号、短视频等,以不同的形式来传递与科学精神和科学知识相关的信息,传播积极向上的价值观和正确的科技观念。

此外,社会还需要防止外来思潮对大学生价值观念的侵蚀,这需要社会环境的净化。一方面,通过引导人们树立正确的人生观和价值观,用社会主义核心价值观来引领社会思潮,引导人们积极践行社会主义核心价值观,从而为大学生建立正确的价值观创造科学的社会氛围,使大学生的思想行为都能够得到积极、健康、向上的发展;另一方面,要把握好网络这一阵地,加强互联网监督工作,防止错误思潮的传播,传播中华优秀传统文化,提高大学生的辨别能力。

总之,要营造尊重科学、崇尚科学的社会舆论氛围,可以通过充分发挥大众媒体的作用,向社会传播科学精神。还应该通过社会倡导正确的价值观念,引导人们树立正确的人生观和价值观,以及加强网络监督,防止错误思潮的传播。这样能促进大学生对科学精神的理解和培养,形成正确的世界观、人生观和价值观,为他们的发展提供坚定的力量。

2. 抵制网络伪科学思想的传播

网络伪科学思想是指通过计算机网络传播不正确的、虚假的或迷信的信息。它假扮成科学,却没有科学根据,常常夸大其词,以讲故事的方式进行阐述。与科学相比,伪科学缺乏实验数据和严格的证据支持,缺乏系统的理论体系,经不起科学的检验。

面对网络上伪科学的传播,我们可以采取一些措施来抵制它。首先,国家应加强法律法规的制定,对在网络或生活中传播伪科学思想的不法分子进行严厉的惩处,以维护公共利益和社会秩序。同时,社会应加大科学宣传力度,特别是在新媒体网络上,查处关闭传播伪科学思想的网页,并针对错误思想进行科学解释和纠正,普及科学知识,加深公众对真科学的认识和支持。

高校也应该加强科学教育,提高大学生对愚昧迷信和伪科学的辨识能力和抵制能力。教育大学生要坚持科学世界观,拒绝唯心主义和迷信思想,反对错误的观点和伪科学活动,这样可以帮助他们更好地认识和抵制伪科学,保持科学思维,避免被误导。

总之,抵制网络伪科学思想的传播需要全社会的共同努力。通过加强法律法规的制定和执行,加大科学宣传力度,提高大学生的科学素养和辨识能力,我们可以减少伪科学的影响,维护科学的权威性和公众的利益。

3. 全社会着力开展科普活动

科普活动就是向公众传播科学知识,倡导科学方法,弘扬科学精神的一种组织起来的活动。这个活动的目的是让更多的人了解科学,提高科学素养。为了适应科技快速发展的时代,我们需要在全社会都开展科普活动,这样做可以促进人们对科学的理解,培养他们的科学精神。

在我国,科普事业相对落后,还有很大的发展空间。政府需要增加投入,通过各种渠道组织科普活动,与科研机构进行合作。同时,科协组织也要积极履行职责,策划好科普活动,并与其他机构合作,利用新媒体进行宣传,拓宽科学精神培育的范围。通过这种方式,在全社会营造一个热爱科学、尊重科学的氛围。

此外,学校也要开展科普教育,教授和学生们学习相关的科普知识。只有通过多种方法和途径,建立一个全面、深入尊重科学和崇尚科学的环境,我们才能激发大学生们对科学的兴趣,让他们积极参与科学实践,并提高自己的科学素养。这种科普活动对于社会的发展也有促进作用,最终促进人的科学精神的形成。

(二)推行"问题式教学"手段

通过推行"问题式教学",我们希望在科学教育中采用一种创新的教学方式。这种方式让学生在课堂上去发现问题,并通过互相交流和分析来找到解决问题的方法。我们引导学生运用已知的知识去寻找未知的知识,用新的方法和思路获取新的知识。在教学中,我们还会引入学生喜欢的网络教学和社会实践等方式,同时联系最新的科学领域进展,激发学生对科学问题和实际问题的兴趣。

为了提高科学教育的质量,我们将不断丰富科学教育的内容,将最新的科学发展动态、科学研究成果和科技应用及时介绍给学生。此外,我们也要加快课程和教材的更新,以适应科学发展的新要求,开拓学生的科学视野。

（三）平台构建

1. 构建课程体系平台

为了培养大学生的科学素养,我们需要建立一个适合中国国情并符合大学生科学素养培育规律的课程体系平台。在课程设置上,我们应该增加有助于培养大学生科学精神和科学思想的课程,并为他们安排教学任务,例如在大学本科阶段增设自然辩证法课程。科学精神和科学思想是科学素养的深层次内涵,它们不是一下子就能形成和培养出来的,需要长期积累和渐进的过程。目前的科学素养教育已经注重了大学生的科学知识积累和科学活动参与,但忽略了对科学精神和科学思想的培养。

为了培养大学生科学素养,我们还需要跨学科的课程体系,实现文理融合。21 世纪的教学改革和课程要求我们在多学科的渗透方面进行探索。不仅要学习传统教科书中的经典科学定律,还要让大学生尽早接触和了解与新技术革命相关的学科知识,特别是培养他们预测、评价、批判思考以及解决实际问题的能力,这样才能更有效地实施科学素养教育。

目前,一些高校举办了各种讲座,但这种形式只能提供片面的知识,缺乏内在的逻辑关系和人类知识发展的演进线索。因此,课程设计至关重要。为了实现人文素养教育和科学素养教育的结合,我们可以引入科学史课程。科学史课程帮助学生理解过去和未来、自然和社会、科学和技术的交叉点,是沟通科学文化和人文文化的桥梁。它不仅帮助学生学习科学知识和了解科学精神,同时也对于文史类学生培养历史意识和理工类学生学习人文精神都有积极作用。科学史在培养健全人格的人才方面起着重要作用。

2. 构建评价体系平台

为了提高大学生的科学素养,我们还需要建立一套科学素养培育的评价体系,并完善反馈和调控机制。这个评价体系就是用来评价科学教育的标准。为了确保科学素养培育的运行机制和目标的实现,我们需要建立一套与素质教育目标相匹配、全面而易于操作的教育质量评价体系。

评价体系的建立要注重未来发展,以学生的发展为核心,将学生身心全面发展和个性潜能开发放在首要位置,同时将学生对科学知识和科学能力的掌握情况纳入评价体系中。只有将大学生的科学素养纳入评价体系,才能真正引起学校和学生的重视,确保科学素养培育能够落地并产生实际效果。

3. 构建保障体系平台

要构建一个有利于培养大学生科学素质的保障体系平台,关键在于创建一个轻松适宜的科学环境,并发挥大学生科学类社团的作用。科学环境对于潜移默化地影响和感染大学生具有重要作用。为了营造良好的科学环境,我们需要注重培养大学生的科学研究能力和科技服务水平。

首先,我们要重视校内的第二课堂活动,尤其是科学类社团的内容。第二课堂是培养学生兴趣爱好的重要方式,可以发挥学生的个性特长,培养他们动手、动脑的能力,激发他们的求知欲望,同时也能培养学生的兴趣爱好、创新精神和团结合作精神。因此,我们应该在第二课堂活动中注入更多的科技元素,将其作为评价学生综合素质的重要指标。

其次,校外社会实践也是增强大学生科学素质的重要途径。社会实践应当提高科技含量,增加科技服务的力量。这不仅有助于提高学生为社会做出贡献的责任感,还能提升他们的科技开发和创新能力。因此,学校应该重视大学生的社会实践活动,并做好精心策划和组织,使其具有实际意义。

最后,我们要结合校内外的资源,广泛开展科普宣传活动,增强大学生奉献科学和崇尚科学的意识,并将其转化成自觉的行为。科普宣传活动应当内容丰富、形式多样,既可以加强学生的自我教育,又能营造出良好的校园氛围。同时,我们也要把校内的教育拓展到校外,扩大社会的影响力,让更多的人参与科普宣传活动,以增强大学生的社会责任感,并积极推动社会的科普宣传工作。

(四)加强 STS 教育

STS 教育(Science, Technology and Society Education)是一种综合性的科学教育方法,强调将科学、技术和社会三者联系在一起进行教育。它旨在培养学生对科学和技术的深刻理解,促进他们对科学与技术发展的社会影响和伦理责任的思考。

在 STS 教育中,不仅关注科学技术本身的原理和应用,还强调将科学技术放置于社会、文化和历史的背景中进行探讨。它探索科学与技术如何塑造社会、受到社会因素的影响,并引导学生思考科技发展与社会进步之间的相互关系。

STS 教育的教学方式强调学生参与主体,注重学生的实践探究和社会互动。例如,在课堂上,学生可以通过问题讨论、角色扮演、模拟游戏等方式,积极参与到科学和技术问题的讨论和解决中,从而提升他们的批判性思维和问题解决能力。

STS 教育也倡导开放性、多样性和包容性,鼓励学生理解和尊重不同的科学观点、文化观念和伦理价值。它通过培养学生的公民科学素养,使其具备理解科学与技术的社会影响以及参与科技决策和公共事务的能力。

因此,加强 STS 教育能够培养学生的科学素养、批判思维和社会责任感,并让他们能够更好地理解和应对日益复杂的科技发展与社会挑战。

（五）与科学文化传播互动整合

大学生科学素养与科学文化传播的互动整合是指通过各种信息传播网络、媒体和手段,以广泛深入的方式传播科学素养的概念和内涵,并有效推动大学生在科学知识、科学能力、科学方法、科学精神和科学品质等方面的提升。

这种互动整合的目的是培养大学生对科学的了解和认识,让他们能够运用科学知识解决实际问题,掌握科学方法进行研究和创新,形成批判思维和好奇心,注重科学的严谨性和客观性,以及培养他们对科学价值和科学发展的追求。

为了实现这样的目标,可以利用各种信息传播网络、媒体和手段,例如互联网、社交媒体、科普教育平台等,进行科学知识的普及和传播;组织科学活动、讲座、展览等,让大学生亲身参与其中;鼓励大学生参与科学研究项目和实验课程,培养科学实践能力;推进科学教育改革,加强教师培训,提高科学教育的质量。

参考文献

[1] 唐祥云,黄静.发展视野下的大学生综合素养培育 [M].天津：天津人民出版社,2022.

[2] 傅济锋,黄丹.职业素养提升 [M].苏州：苏州大学出版社,2021.

[3] 张婕.大学生德育教育的发展与创新研究 [M].长春：吉林出版集团股份有限公司,2021.

[4] 王欣.大学生基本素养 [M].北京：北京理工大学出版社,2021.

[5] 戴雯,张鹏利.大学生礼仪指导与实践 [M].北京：首都经济贸易大学出版社,2020.

[6] 王书贵.高校立德树人的理论探索与实践创新 [M].银川：宁夏人民出版社,2020.

[7] 郭婧,史峥.大学生素质教育创新研究 [M].天津：天津科学技术出版社,2020.

[8] 蒋南.大学生信息素养能力与教育探索 [M].延吉：延边大学出版社,2020.

[9] 李兰.新时代大学生素养研究 [M].北京：中国政法大学出版社,2020.

[10] 贺明华,李岚,杨爱民.大学生安全教育 [M].北京：中国轻工业出版社,2020.

[11] 齐爱花.当代大学生道德素质教育理论与实践研究 [M].北京：冶金工业出版社,2020.

[12] 姜嘉.大学生网络文明素养培育研究 [M].北京：九州出版社,2019.

[13] 李刁.互联网 + 时代高校德育实践创新研究 [M].武汉：华中师范大学出版社,2019.

[14] 赵文芳,李兰．信息素养教育的理论与实践 [M]. 南昌：江西高校出版社,2019.

[15] 吴吉明,王凤英．现代职业素养 [M]. 北京：北京理工大学出版社,2018.

[16] 董芝,洪戎．大学生综合素养教程 [M]. 石家庄：河北科学技术出版社,2018.

[17] 俞莉莹．高校素质教育管理与创新研究 [M]. 北京 / 西安：世界图书出版公司,2018.

[18] 贾灵充,周卫娟,赵艳娟．当代大学生核心素养与思想政治教育研究 [M]. 北京：新华出版社,2018.

[19] 袁进霞．新时代大学生素质教育新论 基于应用型人才培养的视角 [M]. 北京：地质出版社,2018.

[20] 张翠英．大学生创业职业素养 [M]. 北京：首都经济贸易大学出版社,2017.

[21] 刘芳,朱沙．大学生信息素养与创新教育 [M]. 武汉：华中科技大学出版社,2017.

[22] 戴丽红,潘光林．立德树人 全面实施素质教育——大学生素质教育研究与实践 [M]. 成都：电子科技大学出版社,2017.

[23] 刘东岳,任国升,闫屹．大学生基础素养 [M]. 保定：河北大学出版社,2013.

[24] 曹荣瑞．大学生网络素养培育研究 [M]. 上海：上海交通大学出版社,2013.

[25] 吴小英．大学人文素质教育新论 [M]. 杭州：浙江大学出版社,2012.

[26] 伍大勇．大学生职业素养 [M]. 北京：北京理工大学出版社,2011.

[27] 翁菊梅．大学生信息素养 [M]. 广州：华南理工大学出版社,2011.

[28] 马明华．高校人文素质教育论 [M]. 广州：华南理工大学出版社,2010.

[29] 林友华．大学生礼仪素养 [M]. 上海：同济大学出版社,2010.

[30] 严肃,陈先红．大学生心理素养 [M]. 合肥：中国科学技术大学出版社,2008.

[31] 董维杰 . 大学生教育管理理论与实践 [M]. 济南：齐鲁书社，2006.

[32] 窦俊洁 . 当代大学生教育 [M]. 北京：中央编译出版社，2005.

[33] 丁晋中，张媛媛 . 大学生综合素质培养 [M]. 太原：山西人民出版社，2003.

[34] 李新实 . 大学生道德修养 [M]. 北京：对外贸易教育出版社，1993.

[35] 霍泳帆 . 提升大学生职业道德素养的路径研究 [J]. 中外企业文化，2022，No.632（07）：217-219.

[36] 李春华 . 大学生心理健康素养的提升策略研究 [J]. 黑龙江教师发展学院学报，2022，41（03）：105-108.

[37] 张驰，刘捷 . 时代新人道德素养培育的价值意蕴与理路创新 [J]. 化工高等教育，2021，38（05）：150-156.

[38] 杜威，王超 . 浅析当代大学生文明礼仪 [J]. 大众文艺，2021，No.510（12）：156-157.

[39] 李素媛 . 大学生思政教育与人文素养培育研究 [J]. 公关世界，2021，No.515（24）：130-131.

[40] 姜顺清，张翠玲，邢义通等 . 大学生人文素养培养的探索与实践 [J]. 工业和信息化教育，2021，No.104（08）：135-137.

[41] 袁育明 . 新时代大学生素质拓展与礼仪教育教学融合的探索与实践 [J]. 财富时代，2020，No.187（12）：159-160.

[42] 虞希铅 . 大学生的职业素养及其培育路径研究 [J]. 山东青年政治学院学报，2019（3）：55-59.

[43] 王宏 . 大学生职业素养和就业能力培养研究 [J]. 湖北开放职业学院学报 2019（1）：47-48+62.

[44] 崔利宾 . 大学生职业素养教育路径构建刍议 [J]. 智富时代，2019（1）：156.

[45] 李楠，武昭阳 . 大学生道德素养研究及分析 [J]. 经济师，2018，No.358（12）：194-195.

[46] 王闪闪 . 大学生心理素养提升机制的研究 [J]. 学园，2018，11（27）：179-180.

[47] 陈大伟，张茜 . 大学生综合素养提升探究 [J]. 智库时代，2018，No.146（30）：265-266.

[48] 黄飞剑．高职院校大学生安全素养教育面临的挑战及对策 [J].
黄冈职业技术学院学报,2017,19（06）：29-31.

[49] 代素杰．浅析礼仪规范对大学生的重要性 [J]. 广东蚕业,
2017, 51（07）：37-38.

[50] 贾彩鑫．大学生职业素养浅析 [J]. 才智,2016（20）：46.

[51] 陈新宇,刘静,董婷婷等．大学生安全素养的培育研究 [J]. 科
技创业月刊,2014,27（09）：121-125.

[52] 罗冬梅．大学生职业心理素养教育浅析 [J]. 学习月刊,2013,
No.522（02）：70-71.

[53] 罗文军．企业如何做好高级人才的引进 [J]. 人力资源管理,
2012（8）：80-81.

[54] 宋阳．新时代大学生网络信息素养提升研究 [D]. 华东师范大
学,2022.

[55] 杨灿．大学生健康观教育研究 [D]. 闽南师范大学,2022.

[56] 林丽．新媒体环境下大学生信息素养影响因素及提升对策研
究 [D]. 南昌大学,2021.

[57] 赵子琪．仪式在大学生思想政治教育中的作用研究 [D]. 山东
大学,2021.

[58] 刘欣怡．微时代大学生信息安全意识教育研究 [D]. 天津工业
大学,2020.

[59] 李佩．优良家风在大学生道德素养培育中的价值研究 [D]. 西
南政法大学,2019.

[60] 付珍．心理危机预防：大学生发展核心素养培育研究 [D]. 西
安石油大学,2019.

[61] 姚存．新时代大学生职业道德教育创新研究 [D]. 重庆理工大
学,2019.

[62] 金子依．当代大学生礼仪素养培育研究 [D]. 湖南师范大学,
2019.

[63] 王琳．人文素养视域下高校思想政治教育研究 [D]. 中国矿业
大学(北京),2018.

[64] 陆雯．当代大学生礼仪践行现状及其培育对策 [D]. 南京师范
大学,2018.

[65] 董冰蕾．大学生网络信息素养培育研究 [D]. 哈尔滨理工大学，2017.

[66] 李娜．高职学生人文素养教育对策研究 [D]. 西北农林科技大学，2016.

[67] 乐亮伟．当代大学生网络道德素养教育研究 [D]. 华中师范大学，2016.

[68] 张妍．高校大学生人身安全素养培育研究 [D]. 辽宁师范大学，2016.

[69] 贺敏．大学生安全素养实证研究 [D]. 山西师范大学，2015.